시작을 씁니다

시작을 씁니다

초판 1쇄 발행 2023년 4월 10일

지은이 김유숙 김호영 박기화 이경숙 정영애 한지연
펴낸이 변은혜
펴낸곳 책마음
출판등록 2023.01.04 (제 2023-000001호)

주소 강원도 원주시 남원로 494 702-1102
전화 010-2368-5823
팩스 070-4325-7006
이메일 book_maum@naver.com

ISBN 979-11-981676-3-7(03810)
값 15,000원

• 본 책은 저작자의 지적 재산으로서 무단 전재와 복제를 금합니다.

김유숙 김호영 박기화
이경숙 정영애 한지연

시작을 씁니다

수년간 시작하는 아이들에게 해 주었던 말을
이제는 나에게 들려주고 싶다. "브레이크!"

책마음

김유숙 작가
인스타 @imeethappy

변화를 만들고 함께 성장하는 사람

"더 나은 삶을 위해서는 변화해야 한다. 변화는 도전하고 실행하는 사람이 얻을 수 있다."

〈우리 가족이 새해를 맞이하는 방법〉 중에서

김호영 작가
인스타 @withfriends_kim

기뻐하는 그 자리에 있기를 소망하는 사람

"그리스도의 향기를 드러낼 수 있는 축복된 삶에 발을 디디고 있다는 것에 감사함을 느낀다."

〈봉사로 발을 떼어〉 중에서

박기화 작가
인스타 @baggihwa68

책과 하루를 잘 살고 싶은 사람

"그리고 이들은 나를 소중히 여기고 아끼며 꿈이나 목표를 가지고 인생을 멋지게 사는 것을 고민한다."

〈품격 있는 액티브 시니어 되기〉 중에서

이경숙 작가
인스타 @igyeongsug3469

책을 사랑하며 글을 쓰는 사람

"세상이 우리를 버렸다는 절망에서 오히려 삶의 축복과 넘치는 사랑을 확인하는 가슴 벅찬 사실을 알게 되었다."

〈글로 마음과 사랑을 전달하다〉 중에서

정영애 작가
인스타 @youngaejung777

꿈 씨를 뿌리는 사람, 글 나무를 심는 사람

"쓰고 지우고를 반복하며 얇아진 종이 위에 선명하게 투영된 내 영혼의 민낯이기에 더 애틋하다."

〈끝? 시작!〉 중에서

한지연 작가
인스타 @smart_hanssaem

배움과 가르침에 진심인 사람

"나의 감정을 제대로 들여다보고 인정하면 내가 겪어 온 어려움들은 내 삶의 아름다운 무늬가 된다."

〈이해하기 시작하면 비로소 보이는 것들〉 중에서

* 이 책에 나온 MKYU 대학은 대학 콘셉트로 운영되고 있는 평생 교육원이며 고등 교육법에 의한 대학 시설이 아닙니다.

목차

작가 소개 4
프롤로그 10

1부
시작을 시작합니다

아이를 키우기 시작할 때 — 김유숙	14
우리 가족이 새해를 맞이하는 방법 — 김유숙	27
하늘의 뜻을 아는 나이(知天命), 새롭게 시작하기 — 김유숙	34
어른을 시작하다 — 김호영	42
봉사로 발을 떼어 — 김호영	50
또 다른 발걸음을 시작합니다 — 김호영	59
역지사지를 시작하다 — 김호영	68
품격 있는 액티브 시니어 되기 — 박기화	74
LET'S LEE로 시작하는 세컨드 라이프 — 박기화	82
뻔한 나 찾기 — 박기화	90
나답게 살아가기 — 박기화	97
멋진 시니어 강사로 시작하기 — 박기화	103

2부
시작을 기억합니다

늦었다고 생각할 때가 가장 시작하기 좋은 때다 — 이경숙	112
다시 잼잼부터 배워야 했다 — 이경숙	118
아름다운 마지막과 감사의 시작 — 이경숙	124
글로 마음과 사랑을 선물하다 — 이경숙	131
끝? 시작! — 정영애	137
브라보 마이 서울 라이프! — 정영애	143
시작하는 아이들, 그리고 나에게 — 정영애	154
루틴이 있는 아침은 아름답다 — 정영애	159
손자를 처음 만나는 날 — 정영애	165
사춘기, 성장을 위한 시작 — 한지연	174
이해하기 시작하면 비로소 보이는 것들 — 한지연	182
책을 읽는다, 함께 자란다 — 한지연	189
중년, 나다움 찾기는 시작되었다 — 한지연	196

프롤로그

　새해 첫날, 첫 달, 입학, 입사, 결혼, 마흔, 오십, 청년, 중년, 계절 등 우리에게는 수많은 시작의 순간이 있습니다. 끝은 없어도 누구에게나 시작은 있습니다. 시작은 기회입니다. 우리는 과거의 상처와 후회로 많은 시간을 괴로움 속에서 보내기도 하지만, 우리에겐 또다시 시작할 기회들이 일상 곳곳에 있습니다. 시작은 과거를 딛고 새롭게 일어설 기회입니다.

　시작은 선물입니다. 삶이 소망하는 일들을 못 이룬 시간으로만 채워진다면 얼마나 괴로울까요? 인생의 순간마다 늘 새롭게 주어지는 시작들은 선물과 같습니다. 새벽, 오전, 오후, 밤, 하루의 루틴 속에 누구에게나 주어지는 시간을 선물받습니다. 매달, 매해 새로운 시작이 주어지고, 시간의 흐름 속에 자연스럽게 맞이하는 봄, 여름, 가을, 겨울의 시작은 매년 받는 선물입니다.

시작은 성장입니다. 새로운 일이 시작될 수도 있고, 겪어 보지 못한 아픔이 시작될 수도 있습니다. 한 번도 살아 보지 못한 중년이 시작될 수도 있고, 누군가와의 만남이 인생에 새로운 색깔을 덧입혀 줄 수도 있습니다. 이 모든 인생의 시작은 그것을 잘 되새김질하고 의미를 끌어낸다면 깊은 성장을 가져옵니다.

　관계, 시간, 일, 아픔 등 우리 인생에서 이루어지는 수많은 시작의 순간들을 다시금 기억하며 '감사'라는 단어를 떠올립니다. 그 시작은 과거에도 있었고, 현재에도 있으며, 미래에도 있을 것입니다. 수많은 시작이 있었기에 다시 일어설 수 있었고, 현재와 미래를 살아갈 힘도 얻습니다. 이 책 속에 담긴 작은 이야기들이 여러분의 또 다른 시작으로 이어지기를 바랍니다.

엮은이 변은혜

1부

> 시작을 시작합니다

아이를
키우기 시작할 때

　많은 부모가 고민하고, 질문하는 내용은 "어떻게 하면 아이를 잘 키울 수 있을까?"이다. 이 질문에 대한 정답은 없다. 왜냐하면 인생은 다양한 길이 있고 자녀 키우는 방법도 각양각색이기 때문이다. 아이와 부모가 기질과 성격이 다르고, 부모의 양육하는 방식이 다양하기에 각자의 상황에 맞게 살아가는 것이다. 그렇다면 좋은 부모, 옳은 부모는 어떤 부모일까? 내가 생각하는 좋은 부모는 아이와 좋은 관계로 생활하는 부모이다.

　나는 따뜻하고 자상한 엄마로 행복하게 아이를 잘 키우고 싶었다. 그러나 내 생각과 현실은 달랐다. 둘째 아들이 돌이 될 무렵 아들들에게 짜증을 내며 화풀이를 하는 나를 발견하였다. 그러한 내 모습에 실망하며 가슴이 답답했다. 이성적으로는 '아이들에게 감정적으로 대해서는 안 되는데.' 하면서도 나의 말과 행동은 기분에 따라 표현하였다. '이러다가 아이들을 망치겠구나.' 하는 생각이 들어 부모 교육을 받기로 마음먹었다. 나는 네 살 아들의 손을 잡고, 돌쟁이 둘째를 등에 업고 부모 역할 교육을 받으러 다녔다. 그때는 오로지 '아들들 인생을 나로 인해 망치지 말자.'라는 간절함으로 교육에 참여했다. 8주 교육 기간 동안은 아들의 마음을 알아주기 위해서 반영적 경청을 했고, 나를 표현하기 위해 '나 전달법'으로 대화를 할 수 있었다. 그러나 교육이 끝나고 시간이 지날수록 제대로 실천되지 않았다. 가슴이 답답했다.

'난 정말 아들들을 잘 키우고 싶은데, 왜 생각과 행동은 다른 것일까?' 간절한 마음으로 쉬지 않고 부모 역할 훈련에 참여했다. 교육에 참여할수록 마음을 표현하는 소통의 기술을 배워 나와 아이가 좋은 관계를 맺을 수 있다는 것이 너무 감사했다. '이러한 교육을 많은 부모가 받으면 얼마나 좋을까?' 하는 생각을 하게 되어 부모 역할 훈련 강사가 되기로 다짐하였다.

지속적인 교육과 훈련으로 부모 역할 훈련 강사가 되었지만, 부모 교육 강의 내용을 내 생활에 실천하는 것이 어려웠다. 어느 날, 남편에게 "나 부모 교육 강사 그만하고 싶어. 너무 힘들어." 하며 엉엉 울었던 적이 있다. 남편은 "강사 활동이 힘들면 그만해."라고 이야기했고, 나는 "강사 활동이 힘든 것이 아니라 아들들을 키우는 것이 힘들어. 강의할 때 부모들에게 의사소통 걸림돌을 사용하지 말고 반영적 경청과 나 전달법을 활용하여 대화하라고 교육해. 그런데 내 아들들이 내 생각과 다르게 행동할 때 내 마음에 화가 올라와서 막 소리 지르고 싶을 때가 있어. 하지만 부모 교육 강사가 강의 내용과 다르게 행동해서는 안 된다는 생각이 들어 화를 참느라 힘들고 답답해. 죽을 것 같아." 하며 울었다. 그때가 둘째 아들이 중학교 2학년으로 사춘기 정점을 찍고 있었다.

사춘기 아들의 행동을 보고 있으면 달려가서 꿀밤을 때리고 싶기도 하고, "나 네 엄마 하기 싫어."라고 소리쳐 말하고 싶을 때가 있다. 그렇지만 난 부모 교육 강사이다. 다른 부모들에게 아이의 행동만 바라보지 말고 그 안의 마음을 살펴보라고 이야기하고 있다. 그래서 난 아들의 마음을 살피기 위해 필사의 노력을 했다. 호수의 백조가 우아하게 보인다고 하지만 물 밑에서 얼마나 발버둥을 치고 있는지 눈으로 확인하지 않으면 알 수 없듯 나도 그렇다.

사춘기 아이의 반항은 힘이 있어서 할 수 있는 것이다. 자신이 사회에 독립할 수 있다는 자신감이 생기는 것이다. 아직 서툴고 미숙하지만 스스로 하고 싶은 욕구를 부모에게 표현하는 것이다. 그 모습을 보는 부모는 반항이라 생각한다.
난 아들에게 이야기한다. "네가 불편한 것이 있구나. 네가 불편한 것이 무엇인지, 원하는 것이 무엇인지 말로 표현해 줘야 내가 알 수 있어. 불평과 짜증으로 표현하면 듣는 엄마가 기분이 나빠지고 너의 그런 표현이 나를 무시하는 기분이 들어 속상해."라고 말한다. 그러면 아들도 말로 표현하려고 노력한다. "갱년기와 사춘기가 만나면 갱년기가 이긴다."라고 아들에게 너스레를 떨 때도 있다. "엄마는 갱년기인데 갱년기도 사춘기처럼 호르몬이 변하는 시기야. 사춘기가 성장하는 호르몬이 나오는 시기라면, 갱년기는 노화가 되는 과정이라고 할 수 있어. 엄마가 곱게, 잘 늙을 수 있도록 도와주라."라고 이야기했더니 아들은 나를 짠한 눈으로 바라보며 우물쭈물한 목소리로 "네."라고 한다. 한 번의 대화로 모든 것이 해결되는 것은 아니지만 서로의 마음을 대화로 풀어 나가는 것은 참 행복한 일이다.

  매일매일 웃는 날만 있는 것은 아니다. 다툼도 있고, 서로 미워하는 감정을 가질 때도 있지만 좋은 관계를 위해 노력하는 우리 가족이 참 좋다. 난 부모 교육 강사로 아들의 마음을 살피려고 노력하며, 나의 마음도 잘 전달하기 위해 애쓰고 있다. 그렇게 좌충우돌 서로를 알아 가는 것이 가족이라 생각한다.

  삶에는 정답이 없다. 자녀 양육에 한 가지 방법만 맞는다고 할 수 없다. 부모는 자녀를 낳았지만 자녀를 소유하는 사람이 아니다. 자녀가 독립된 사회인으로 성장할 수 있도록 함께하는 사람이다. 아들 셋을 낳고 양육하면서, 부모 교육 강사로 활동을 하면서 자녀 양육 원칙을 세우는 것이 중요하겠구나 하는 생각을 하게 되었다. 나만의 자녀 양육 팁을 나눠 본다.

나만의 자녀 양육 팁

첫째, 마음을 알아주고, 소통의 시간 갖기

아이와 좋은 관계를 위해서 대화하는 시간을 많이 가졌다. 특히, 아이의 이야기를 많이 들어 주려고 노력하였다. 아이들의 소소한 일상생활, 작은 사건에 관한 경험을 이야기할 때 공감해 주는 것이다. 친구와 싸운 날은 "친구와 사이좋게 지내야 한다."라는 잔소리 대신 아이의 속상한 마음을 들어 주었고, 선생님께 꾸중을 들은 날은 "네가 뭘 잘못해서 선생님이 혼내셨니?" 하는 추궁보다는 "아이고 아주 속상했겠다. 선생님이 우리 ○○의 마음을 몰라주셔서 서운했겠다."라며 아이의 마음을 알아주려고 노력했다.

소통을 위한 또 다른 방법으로 가족 독서를 진행하였다. 가족 다섯 명이 같은 책을 읽고, 책 내용을 일상생활과 접목하여 질문을 만들고, 질문에 답변하며 서로의 생각을 이야기하는 시간을 가졌다. 이러한 시간을 통해 자연스럽게 아이들의 생활 이야기를 듣게 되고, 아들들의 생각과 가치관을 알 수 있는 유익한 시간이 되었다.

둘째, 엄마의 에너지 관리하기

 아이를 키우는 것은 사랑의 마음으로 하는 것이지만 에너지가 많이 필요하다. 아이가 어릴 적엔 육체적으로 놀아 줘야 하는 에너지가 필요하다. 아이가 초등학교 고학년, 사춘기가 시작되면 정신적 에너지가 필요하다. 그래서 에너지를 충전할 수 있는 나만의 시간을 확보하고 잘 활용하는 것을 중요하게 생각했다. 나는 아이들이 등교하고 여유 있는 오전 시간, 이웃 엄마들을 만나서 수다의 시간으로 보낼 것인지? 자기 계발의 시간으로 활용할 것인지? 우선순위를 정하고 선택을 해야 할 때 갈등이 많았다. 나에게 주어진 시간은 한정되어 있고, 에너지 또한 총량이 있다. 수다 타임으로 시간과 에너지를 소진하면 하교하는 아이들에게 집중할 수가 없었다. 여러 번의 시행착오를 거쳐 선택한 방법은 수다 타임을 최소한으로 줄이고, 나를 계발할 수 있는 시간을 우선순위로 정했다. 그랬더니 집으로 돌아온 아이들에게 집중할 수 있는 에너지도 유지되었고, 내가 성장할 수 있는 시간이 되었다.

 또한 외부에서 받은 부정적 감정을 집으로 가지고 오지 않도록 노력했다. 감정은 전염되는 것이다. 엄마들 모임에서 언짢은 일이 생겼을 때 불편한 마음을 툴 툴 털어 내고 집에 들어가는 것에 신경 썼다. 이러한 마음가짐을 생각하지 못했던 육아 초반에는 타인에 의해 생긴 부정적인 감정을 우리 아이들에게 화풀이하듯 표현할 때가 있었다. 그런 시간은 나와 아이들에게 상처의 시간이 되고 후회만 남았다.

셋째, 아이 스스로 선택할 기회 주기

사람들은 자신이 선택한 일에 애정을 느끼고, 책임감을 느낀다. 아이들도 마찬가지다. 아이들에게 스스로 선택하고 책임질 기회를 주었을 때 삶을 주도적으로 살아간다. 부모 역할은 하나의 길을 골라 그쪽으로 가도록 이끄는 것이 아니다. 부모는 아이가 다양한 선택지에서 혼란을 겪을 때 방향과 방법을 함께 이야기하며 아이가 스스로 선택할 수 있도록 소통하는 역할을 하는 것이다.

쉬운 예로 유치원에서 개인 물컵을 준비하라고 했을 때 마트에 함께 가서 아이가 원하는 색깔, 모양을 이야기하고 엄마가 원하는 가격과 재질을 고려하여 서너 개 정도의 컵을 골라서 그중에서 아이가 맘에 드는 컵을 고를 수 있도록 도와주었다. 아이가 마트에 있는 많은 물컵 중 하나를 고르려 할 때 많은 종류 중에 무엇을 골라야 할지 혼란을 겪을 수 있기에 아이가 원하는 것을 이야기하여 선택의 폭을 줄여 준 것이다. 청소년이 된 아들이 진로에 관한 고민을 할 때도 아들이 잘하는 것, 좋아하는 것 등을 잘 살펴 조언하였다. 아들은 스스로 자신이 나아갈 길을 찾으려 노력하고, 자기 삶에 최선을 다하는 모습을 보였다.

부모 역할은 아이가 성장하는 길에서 돌부리를 치우고 진흙 길을 마른 길로 만들어 주는 것이 아니다. 아이가 스스로 돌부리를 치우는 방법과 진흙 길을 마른 길로 만드는 방법을 찾을 수 있도록 도와주는 것이다.

넷째, 흔들리지 않는 엄마 신념 갖기

예전에 어느 침대 광고에서 "○○ 침대는 흔들리지 않습니다."라는 광고 문구가 있었다. 아이를 키우면서 흔들리지 않아야 하는 것이 침대만이 아니라 부모가 자녀를 키울 때 갖는 신념도 흔들리지 않아야 한다고 생각한다.

아이가 초등학교에 입학하면서 나는 부모에서 학부모가 되었다. 학부모가 된다는 것은 공교육에서 학습하는 아이의 부모가 된 것이다. 학교 교육의 학습은 아이들을 성적 순위에 따라 줄 세우기를 한다. 학교에서 제시하는 시험 문제에 정답을 제일 잘 찾은 아이를 기준으로 한 줄로 세우는 것이다. 그 순위에서 내 아이가 맨 뒤에 서길 바라는 부모가 있을까?

나는 내 아이가 앞에 서길 바라는 마음이 있기에 고민이 되었다. 많은 부모가 선택하는 사교육을 본격적으로 시작할 것인가? 아니면 집에서 엄마와 홈 스터디를 진행할 것인가? 선택하기 힘들었다. 학습 학원에 다니기 시작한 아이의 친구를 살펴보니 무척 바빴다. 학원 시간에 맞춰야 하고, 학원 숙제를 해야 하므로 놀 시간이 없고, 책 읽을 시간도 없고, 심지어는 스스로 공부할 시간도 없었다. 공부하기 위해 학원에 다니지만 정작 공부는 아니 되고 숙제만 열심히 해 가는 모습이 힘들어 보였다.

그러한 모습을 보며 나와 아이는 홈 스터디를 선택하고 진행하였다. 간혹 학교 엄마들 모임을 하고 나면 나의 마음은 불안해지기도 했다. 우리 아이만 뒤처지는 것은 아닐까? 옆집 아이가 다니는 학원 선생님이 잘 가르친다고 했는데 학원을 보내야 하는 것은 아닐까? 하면서 고민도 많이 했다.

마음이 흔들리고 고민이 될 때 '엄마가 흔들리지 않아야 한다. 그래야 아이도 믿음을 갖고 함께 해 나갈 수 있는 것이다.'라며 수백 번, 수천 번씩 마음속으로 외쳤다. 내 아이와 선택한 홈 스터디를 지속해 진행할 수 있는 것은 서로에 대한 믿음과 엄마인 나의 흔들리지 않는 신념이 있었던 덕분이다.

다섯째, 책에서 길을 묻고 길을 찾기

초등학생은 책만 읽어도 학교 수업을 충분히 따라갈 수 있다고 생각했다. 그래서 아들 초등학생 때는 문제집을 풀게 하지 않았다. 한번은 아이가 학원도 다니지 않고 문제 풀이를 하지 않으면 다른 아이들에게 뒤처질까 하는 불안한 마음에 문제집을 사서 풀게 하였지만, 끝까지 풀지 못하고 버리게 되어 너무 아깝다는 생각이 들었다.

'어차피 학원도 다니지 않고, 문제집도 풀지 않을 것이라면 책을 많이 읽게 하자.' 생각하고 도서관 투어를 다녔다. 도서관 가는 요일을 정해서 서너 군데 다니면 1인당 5권씩, 우리 가족 5명이니 한 도서관에서 25권을 빌릴 수 있었다. 그렇게 일주일에 100권을 빌려서 아이들에게 새로운 책을 접하게 해 주었다.

특히 방학 때면 새 학년 준비를 위해 교과 연계 책을 빌려서 읽게 했더니 간접적인 예습이 되어 새 학년 수업도 어렵지 않게 따라갈 수 있었다.

아이들은 책이 재미있어야 읽는다. 처음엔 아이가 즐겁게 책을 읽을 수 있도록 흥미로운 책을 읽게 하여 독서 습관을 만들고, 시간이 지나면서 지식책을 읽을 수 있도록 권하는 것이다. 아이들의 독서 습관은 시간을 두고 천천히 만들어 가는 것이 효과적이다.

여섯째, 예체능 지속해서 배우기

아들 셋은 초등학교에 입학하면 태권도를 시작하였고, 중학생이 되어서도 계속 도장에 다녔다. '체력은 국력'이라는 말을 참 좋아한다. 체력은 자라나는 아이들에게 꼭 필요하다. 자신이 하고 싶은 일을 하려 할 때도 체력이 있어야 할 수 있다. 우리 집에서는 태권도 3품은 필수!!! 4품은 선택이다. 내가 아들 셋을 키우며 가장 강조하는 부분이다.

 또한 아들의 감성을 풍부하게 키워 주기 위해 악기를 꾸준히 배우게 했다. 아들들에게 음악적 재능이 있어서가 아니라 음악이 있는 삶으로 살게 하고 싶은 것이다.

 음악이 있는 삶은 풍요롭다고 생각한다. 영화, 드라마, 게임 등 배경 음악에 따라서 작품에 대한 감동이 달라지듯 삶에서 음악은 힘이 되기도 하고, 힘들고 지칠 때 악기 연주를 통해 스트레스를 푸는 방법도 될 것이다.

 부모 역할은 참 어렵다. 그래도 가장 보람 있고 행복한 일이 부모 역할이라고 생각한다. 내 아이를 키우는 방법과 마음가짐은 아이가 성장하면서 조금씩 바뀌기도 하고 보완할 때도 있다. 오늘도 난 아이와 함께 성장하고 있으며 물 위에 우아하게 떠 있는 백조처럼 물 아래에서 나의 발놀림은 정신없이 젓고 있다.

우리 가족이
새해를 맞이하는 방법

 사람들은 매년 1월을 맞이하며 새해 결심, 새해 다짐, 새해 계획, 새해 목표라는 다양한 키워드로 새해를 준비한다. 많은 사람에게서 해마다 빠지지 않고 나오는 공통적인 단어는 '건강', '다이어트', '운동', '공부', '영어', '습관' 등이다. 계획을 세우고 처음에는 굳은 마음을 먹고 준비하지만 꾸준하게 실천하기는 어렵다. 미국의 한 연구소가 발표한 조사 결과에 따르면 새해 결심을 하고 첫 주에 실패하는 사람이 27.4%나 된다고 한다. 우리는 이러한 현상을 '작심삼일'이라고 한다. 마음먹은 지 3일이 못 가서 실패하게 되면 사람들은 스스로 스트레스를 받게 된다. 이럴 때 다시 한번 작심삼일의 마음을 먹어 보면 어떨까? 작심삼일 열 번

하면 30일 실천이 가능해진다.

우리 가족 첫 번째 워크숍

나는 새해 계획 세우기 좋아한다. 모든 계획을 실행하고, 목표를 성취하는 것은 아니지만 목표 달성을 위해 도전을 하고, 도전하면서 실패도 맛보고, 성공도 경험할 수 있다. '아무것도 하지 않으면 아무 일도 일어나지 않는다.'라는 말이 있다. 더 나은 삶을 위해서는 변화해야 한다. 변화는 도전하고 실행하는 사람이 얻을 수 있다.

문득 '새해 계획을 가족이 함께 세워 보면 어떨까?'라는 생각이 들어서 2022년 목표 세우기부터 가족 워크숍을 진행하였다. 우리 가족 첫 워크숍은 자연 휴양림에서 진행하였다. 눈 쌓인 자연 휴양림은 동화 속에 나오는 숲속의 산장처럼 보였고, 한 해의 마지막 태양은 아름다운 노을을 만들며 지고 있었다. 우리 가족은 여행은 많이 다녔지만 가족 워크숍은 처음이었다. 숙소에 도착하여 저녁 식사를 하고 프로그램을 시작하였다.

워크숍 첫 주제는 '2021년 한 해 동안 가장 기억에 남는 것'이었다. 고등학교에 올라가는 첫째 아들은 자신이 원하는 고등학교에 갈 수 있게 된 것, 중학교 2학년이 되는 둘째 아들은 자신이 하는 게임의 랭킹에 들 수 있었던 것, 초등학교 4학년이 되는 막내아들은 축구를 시작하며 축구 선수의 꿈을 키우게 된 것, 남편은 승진한 것, 그리고 나는 내 꿈을 위해 새로운 공부를 시작한 것을 최고 이슈로 이야기하였다.

  두 번째, 고마운 사람과 힘들게 했던 사람을 생각해 보았다. 아이들은 학교에서, 남편과 나는 직장에서 자주 만나는 사람들로 선정되었다. 그러다 보니 아들들의 고마운 사람은 선생님들로 선정, 힘들게 한 사람으로도 선생님이 선정되었다. 의외로 둘째는 힘들게 한 사람으로 친구도 있었다. 성격 좋고, 배려심 많은 둘째가 친구 문제로 힘들어했다는 것이 마음 짠했다. 고마운 이유와 힘들었던 이유를 이야기하며 앞으로 자신은 어떤 사람이 되고 싶은지도 함께 이야기해 보았다. 우리 가족 모두 자신의 자리에서 최선의 노력을 하며 자신이 선택한 삶에 책임감을 느끼며 살아가고 있다는 생각이 들어 흐뭇하였다.

  세 번째, 우리의 꿈을 시각화하는 작업을 하였다. 일

명 '꿈 보드 만들기'이다. 자신이 되고 싶은 모습, 갖고 싶은 것, 하고 싶은 것, 가고 싶은 곳 등 자신이 원하는 것을 잡지에서 찾아 2절지에 붙였다. 집에서 보고 있던 과학 잡지, 수학 잡지, 논술 잡지가 총집합되었고, 친구 집에서 보던 패션 잡지까지 동원하여 꿈 보드 만드는 데 활용하였다. 자신의 꿈 이미지를 잡지 사진에서 찾으며 가족이 함께 꿈을 공유할 수 있는 추억의 시간이 되었고, 과학 잡지를 보며 과학 발전에 관한 이야기도 할 수 있어서 학구적인 시간도 되었다. 1시간 정도 자신의 꿈 보드를 만들고 발표의 시간을 가졌다. 발표 순서는 전 세계 사람들이 채택하고 있는 '가위바위보'로 정하여 아빠-둘째-막내-엄마-첫째의 순으로 발표하였다.

한 해를 마무리하며 기억에 남는 사건과 사람에 관해 이야기하고, 시각화한 자신의 꿈을 발표하는 시간이 어색하기도 했지만 우리 가족의 첫 번째 워크숍은 잘 마무리되었다. 가족 워크숍을 통해 '가족이라고 모든 것을 알고 있는 것은 아니구나. 가족도 공유하는 시간이 필요하구나. 어떤 생활을 했었는지, 어떻게 생각하는지, 무엇을 하고 싶은지 이야기하는 시간을 통해 가족을 알아 가는 것이 있어야 하는구나.'라고 실감했다.

두 번째 워크숍

우리 가족의 두 번째 워크숍은 '2023년 새해 계획 세우기'를 주제로 집에서 진행했다. 한 해를 마무리하며 막내아들과 남편은 한 해의 마지막 날 해넘이를 보기 위해 전라남도 영광에 다녀왔다. 나와 첫째, 둘째는 동행하지 못했지만, 남편의 영상 통화로 함께 해넘이를 볼 수 있었다. 태양은 언제나 뜨고 지며, 해넘이도 매일 볼 수 있다. 하지만, 오늘의 해넘이에 의미를 부여하는 것은 한 해를 마무리하고 새해를 맞아 더 나은 나를 만들기 위해 다짐할 수 있기 때문에 좋다.

저녁 식사를 하고 가족 워크숍의 진행 순서에 따라서 지난해 가장 기억에 남는 이슈 3가지를 이야기했다. 한 해를 마무리하는 가장 중요한 시간이다. 새로운 계획을 세우기 위해서는 지금의 나를 알아야 새롭게 시작할 수 있기에 지난해를 정리해 보았다. 아빠는 직장, 엄마는 봉사 활동, 아들들은 학교생활과 게임 레벨이 기억에 남는 사건들이었다.

목표를 세우고, 계획하고 실천하는 방법들은 많이 있다. 우리 가족은 한 해의 시작을 만다라트를 활용하여 자신의 목표와 실천 계획을 세워 보았다.

* 만다라트
1. 정사각형의 9개로 이루어진 표를 종이 한 페이지에 9개를 만든다.
2. 정중앙 가운데 칸에 중심 목표를 넣고, 나머지 8칸에 중심 목표를 달성하기 위한 세부 목표를 적는다.
3. 세부 목표를 각각 영역에 다시 쓴다.
4. 각 세부 목표를 달성하기 위한 구체적인 행동 계획을 쓴다.

우리 가족이 만다라트를 처음 작성해 보는 것이라서 인터넷 검색을 통해 작성 방법을 배우고, 다른 사람들이 작성한 사례를 찾아보며 진행하였다. 일본의 야구 선수의 사례, 고등학생 공부 계획 사례, 회사원들의 사례로 사람들의 다양한 삶의 방식을 볼 수 있었고, 각자의 삶에서 목표 달성을 위한 실행 방법을 배우는 시간이 되었다.

가족 모두 자신의 계획을 만다라트에 작성하고 공유하는 시간을 가졌다. 첫 번째 발표로 아빠는 2023년을 인맥, 시간 관리, 가족, 팀원 관리, 숙면, 건강 관리, 자기 계발, 성장 계획을 세웠고, 엄마는 건강, 사업, 박사 학위 논문, 아들 공부, 인간관계, 자기 계발, 재정, 강의였다. 큰아들은 수학, 생명, 화학, 건강, 인생, 인문, 물리 등 학과 공부에 관한 성장 목표를 세웠고, 둘째 아들은 시험, 운동, 원신, 친구 관계, 습관, 용돈, 가족 관계, 게임 만들기였다. 막내아들은 축구, 게임, 습관, 친구, 건강, 가족, 운, 예의를 목표로 정하였다.

  각자의 삶이 다르듯 계획한 목표도 모두 다르다. 자신의 삶을 어떻게 설계하며 살아갈 것인지 스스로 선택에 달린 것이다. 우리가 계획한 일들이 모두 실천되고 목표가 달성되는 것은 아니겠지만 이러한 활동을 통해 가족과 소통하는 시간, 서로를 알아 가는 시간이 되기 때문에 참 좋다. 우리 가족 두 번째 워크숍도 잘 마무리되었다.

하늘의 뜻을 아는 나이(知天命), 새롭게 시작하기

통계청에 따르면 우리나라 평균 수명은 2021년 83.6세(여 86.6세, 남 80.6세)이다. 그러나 최근 과학 기술의 발달, 생명 공학의 발달, 유전 공학의 발달로 인해 우리의 생명을 자연적이든, 인위적이든 연장할 수 있는 시대이다. 한양대학교 과학 기술 정책 학과 김창경 교수가 '재수 없으면 200살까지 산다'라는 주제로 강연한 것처럼 "인간은 몇 살까지 살 것이다."라고 단정 지을 수 있는 시대는 지났다. 그동안 우리가 알고 있던 80대의 평균 수명은 잊어야 한다.

나는 20대 시절 40대가 빨리 되고 싶었고 이러한 나를 보며 사람들은 "왜?"라는 질문을 하며 의아해했다. 나는 20대의 들끓는 심장이 나에게는 너무도 벅찼다. 그래서 40대가 되면 중년의 나이로 무엇이든 '그러려니~' 하며 받아들일 줄 알았다. 그러나 정작 40대를 살아 보니 생각같이 마음이 여유롭지 않았다. 20대의 뜨거운 불이 가슴에 있지는 않았지만 40대에는 삶을 살아 내야 한다는 치열함이 있었다.

100세 시대를 넘어 200세 시대가 온다고 하는 요즘이다. 내가 어릴 적 들었던 70~80대가 인간의 평균 수명이 아니다. 그렇다면 2023년 50세가 된 나는 지금부터 또 다른 삶을 새롭게 계획해야 하지 않을까? 나의 삶에서 살아온 방식대로 살아간다면 나의 미래는 지금과 다를 것이 없을 것이다. 아인슈타인은 "같은 일을 반복하면서 다른 결과를 기대하는 것은 미친 짓이다."라고 말했다. '나는 지금까지 미친 짓을 하고 살고 있었던 것은 아닐까?' 지금부터라도 미친 짓에서 벗어나고 싶어졌다.

행운의 여신상에는 뒷머리가 없다

지난해 '미라클 모닝 514 챌린지'를 알게 되었다. 김미경 대표가 운영하는 MKYU 대학에서 진행하는

514 챌린지는 14일 동안 매일 새벽 5시부터 30분간 김미경 대표의 강연을 듣고, 30분간 자신의 챌린지를 진행하는 것이다. 평소 새벽 두세 시에 자고 늦게 일어나던 나에게 새벽 5시 기상은 불가능처럼 보이는 도전이었다. 처음엔 지각도 하고, 졸기도 하였지만, 시간이 지날수록 오롯이 나만을 위해 보낼 수 있는 참 주옥같은 시간이 되었다.

'구슬이 서 말이어도 꿰어야 보배'라는 말이 있듯이 내 삶을 하루하루 연결하여 인생을 만들어 가는 것은 나의 몫이다. 그동안 나는 시간이 없다는 핑계로 정작 내가 하고 싶은 일을 하지 않고 있었다. 514 챌린지를 통해 나만의 절대적 시간을 확보하고 실력을 다지는 연습을 할 수 있었다. 이제는 도전하고 이루어 낼 것에 집중하며 실력을 쌓는 50세로 새롭게 시작하려 한다.

시간은 모든 사람에게 하루 24시간 똑같이 주어진다. 그렇지만 평등하게 주어진 시간을 어떻게 관리하느냐에 따라서 인생이 달라진다. 나도 50세가 되도록 시간의 대가를 생각해 보지 못했다. 시간에 정성을 들이면 자신이 원하는 삶을 살 수 있다는 것을 지천명 나이에 깨닫게 된다. 시간은 기회다. 기회는 준비된 자에게만 오는 것이다.

그리스의 기회의 신 카이로스 조각상에는 "앞머리가 무성한 이유는 사람들이 나를 보았을 때 쉽게 붙잡을 수 있도록 하기 위함이요, 뒷머리가 대머리인 이유는 내가 지나가 버렸을 때 사람들이 다시 붙잡지 못하도록 하기 위함이며, 발에 날개가 달린 이유는 최대한 빨리 사라지기 위함이다. 그러한 나의 이름은 기회다."라고 쓰여 있다고 한다. 기회는 준비한 사람이 잡는 것이고, 오늘은 나의 미래의 기회를 준비하는 소중한 하루이다.

* 40세(불혹) 세상일에 정신을 빼앗겨 판을 흐리는 일이 없는 나이
* 50세(지천명) 하늘의 명을 깨닫는 나이

50세는 인생 하프 타임

하늘의 명을 깨닫는 나이가 된 나는 50세를 인생의 하프 타임으로 생각하고 준비하려 한다. 축구 경기에서 하프 타임은 전반전과 후반전 사이 쉬는 시간이다. 그러나 그 하프 타임이 쉬는 시간으로만 생각하면 안 된다. 왜냐하면 경기의 승패는 후반전에서 결정되기

때문이다. 그 하프 타임 때 후반전 전략을 어떻게 세우냐에 따라서 경기 결과가 달라지는 것이다. 지금은 내 인생 후반부를 준비하는 하프 타임이다. 인생 100세 시대에 50세가 된 나는 무엇을 시작하기 딱 좋은 나이이다.

  그 시작은 내 인생 꿈을 찾는 것이다. 꿈은 10대에만 꾸는 것이 아니다. 제2의 인생을 시작하는 지금의 나에게 필요한 것이 꿈이다.

  꿈을 생각하면 설렌다. 그 꿈이 이루어졌다고 생각하면 가슴이 벅차오르고, 행복한 마음이 가득하다. 나의 꿈 목록은 시간과 돈에 얽매이지 않고 내가 꿈꾸는 모든 것들이 꼭 이루어지겠다고 생각하며 작성하였다. 인생 50세에 꿈을 키우고, 그 꿈을 이루기 위해 그 누구보다 더 열심히 살 것이다.

50세 시작하는 꿈 목록

1. 책 쓰기
2. 엄마, 아빠 인생 책 만들어 드리기
3. 박사 논문 1년 안에 쓰기
4. 가족 음악회 열기

5. 아들 셋 훌륭하게 독립된 사회인으로 키우기
6. 독서 모임 만들기
7. 일 년에 50권 이상 책 읽기
8. 연극 공연 무대 서기
9. 매달 100만 원씩 기부하기
10. 아프리카 자원봉사 가기
11. 나만의 화보 찍기
12. 남편과 함께 할 수 있는 운동 배우고 함께 하기
13. 마라톤 풀코스 완주하기
14. 매월 1회 이상 산행하기
15. 무술 배우기
16. 유튜브 채널 운영하기
17. 인기 블로그 되기
18. 영어로 외국인과 자유롭게 대화하기
19. 외국어 하나 더 배우기
20. 우쿨렐레 배우기
21. 유화 배우기
22. 유화 전시회 열기
23. 유학 가기
24. 명상 전문가 되기

25. 가족과 유럽 여행 가기(이탈리아, 프랑스, 독일, 영국, 네덜란드)
26. 자유의 여신상 보러 가기
27. 태국에서 한 달 살기
28. 브라질 삼바 축제(리우데자네이루 카니발) 참여하기
29. 스페인 마드리드 여행하기
30. 울릉도, 독도 여행하기
31. 요트 타고 태평양 여행하기
32. 월드컵 경기 경기장에서 응원하기
33. 자전거 가족 여행하기
34. 현실 치료 상담가로 활동하기
35. 대학에서 강의하기
36. 부모 역할 훈련 강의 100회 진행하기
37. 진학 컨설팅하기
38. 체인지메이커 학교에서 동아리로 운영하기
39. 버츄프로젝트 매년 진행하기
40. 시민 교육 프로그램 개발하고 진행하기
41. 실행 습관 센터 운영하기
42. 바른 정치인 교육하기

43. 환경 마을 활동가 양성하기
44. 세상을 바꾸는 시간(세바시) 출연하기
45. 김미경 학장님 만나고 MKYU에서 강의하기
46. 베스트셀러 작가 되기
47. 남편에게 벤츠 전기 자동차 선물하기
48. 전원주택에서 살기
49. 월 천만 원 꾸준하게 들어오는 건물 주인 되기
50. 개인 도서관 운영하기

어른을
시작하다

 쉰하고도 여덟이나 더 먹은 나이. 부모님의 딸로 태어나서 27년을 살았고, 지금은 결혼이란 이름을 얻어 한 남자의 아내로 31년을 살아가고 있다. 나의 인생이 있게 해 준 부모님의 울타리에 기대어 의지하며 살다가 결혼으로 인해 아내라는 이름을 갖게 되면서 주어진 인생을 책임져 가는 인생으로 어른이 되어 가는 삶을 시작하게 되었다.

 완고하고 엄하신 아버지와 자식이라면 끔찍하게 아끼신 어머니의 사랑과 보살핌의 27년 동안은 내 인생의 책임자는 내가 아닌 부모님이라고 생각하며 생활하였다. 늦둥이로, 팔 남매의 막내로 태어난 나는 "잘한다.", "기특하다."라는 말을 들으며 온갖 귀여움과 사랑을 받으며 자랐다. 지금도 오빠들은 나에게 "우리 이쁜 막내!"라고 부른다. 막내로 자란 나는 외형적인 겉모습은 커 가도 내면에는 철부지 아이가 항상 남아 있다. 시간이 지나가고 세월이란 게 내 인생에 묻어 나이라는 것을 먹었지만, 나는 여전히 미숙한 부분이 참 많다.

학교를 졸업하고 취업하여 같은 직장에서 남편을 만났다. 남편은 나와 같은 나이였지만 나보다 훨씬 어른스러워 보였고 대화를 나눌수록 참 바른 사고를 갖고 행동하는 사람이라는 생각이 들었다. 나의 내면이 '어린아이'로 가득 채워져 있다면 그의 내면에는 흔들리지 않는 단단한 '바른이'가 있었다. 내가 막내티를 내며 고집을 피우면 남편의 '바른이'는 나를 지적하며 고쳐 주려고 애를 썼다. 나는 그런 그가 참 신선했다. 자라면서 누군가에게 잘못되었다는 말을 들어 보질 않았는데 "아니다."라고 나를 판단하며 말하는 그의 됨됨이가 훌륭해 보였다.

훌륭한 분은 혼자 훌륭하라고 하고 멀리서 우아하게 지켜봤어야 했는데, 나는 어리석게도 그분과 결혼이란 것을 한 것이다. 매사에 객관적인 사고와 판단으로 철저히 '남의 편'이 되어 지적질과 가르침을 해 대는 그 훌륭한 분으로 인해 막내 기운이 가득한 나는 서럽고 섭섭하여 마음이 힘들 때가 많았다.

 사람은 누구나 역할에 따른 책임과 의무가 있겠지만, 결혼을 시작으로 얻게 되고 쓰이는 이름에는 더 많은 책임과 의무가 지워지게 된다. 결혼으로 남편과 아내라는 이름을 얻음과 동시에 상대방 부모님의 자녀가 되고, 서로의 가족이 나의 새로운 가족원이 되어 동시다발로 붙여지는 이름들이 우리의 인생 속에 들어와 책임과 역할을 요구하고 주장한다.
 나는 신혼 초에 시부모님과 함께 살았다. 시부모님은 따뜻하고 다정하셨지만, 나에게는 모든 것이 낯설고 어색하였다. 며느리 모드와 딸 모드의 확실한 차이는 가사 일에 대한 마음의 의무감이지 싶다. 어느 날인가 밥을 먹고 설거지하는데 '이제까지 나를 낳아 주신 부모님을 위해 밥을 차리고 설거지를 해 본 적이 없었는데 남편의 부모님을 위해 뭔가 잘하려고 애쓰고 노력하는 나의 모습'이 맘에 들어와 눈물이 핑그르르 돌았다.

딸이란 이름은 그렇게나 뻔뻔해도 되는 건지, 나를 마흔하나에 낳으신 엄마는 몸이 약하셔서 자주 아프셨다. 나를 늦둥이로 낳은 이유도 사람들이 "애를 하나 더 낳아 몸조리를 잘하면 아픈 것이 나아질 수도 있다."라고 해서 낳으신 거였다. 나를 낳고도 계속 아프신 엄마는 당신 스스로 내가 크기 전에 죽을 것으로 생각하시고 당신의 막내딸이 무뚝뚝한 아버지와 계모의 손에 자랄 것을 마음 아파하고 애달아 안쓰러워하여 돌아가신 후의 몫까지 사랑을 미리 당겨 주겠다는 마음으로 키우셨다. 엄마는 계모가 들어오면 내 이부자리도 안 빨아 줄 것이라면서 "이불은 한 해 덮으면 더러우니까 빨려고 하지 말고 그냥 버려라."라고 말씀하시며 해가 바뀔 때마다 이부자리를 한 채씩 만들어서 보관해 두셨다.

 그렇게 몸이 약하셨던 어머니는 내가 마흔셋이 되던 해에 돌아가셨고, 항상 건강하실 것만 같은 아버지는 내가 대학 다닐 때 췌장암으로 돌아가셔서 나는 지금 고아다.

 신혼여행 갔다가 돌아오는 길에 남편과 약간의 실랑

이가 있었다. 엄마가 보고 싶으니 친정으로 먼저 가든지 아니면 엄마 얼굴이라도 잠깐 보고 시댁으로 가자고 말하니, '바른이'는 집에서 부모님이 우리를 기다리고 계시니 안 된다고 하는 것이다. 시댁 먼저, 친정 먼저 간다는 순서보다도 나는 '앞으로 시댁에 들어가서 계속 함께 살 테니 하루 정도 양보해도 될 텐데.' 하는 생각이 들어 원칙만 앞세우는 남편이 참 섭섭하고 답답했다.

지금도 그렇지만 나는 정리 정돈을 잘하지 못한다. 내가 외출한 모습을 보고 오죽하면 올케언니들이 뱀이 허물 벗고 나가듯이 옷이 허물처럼 방에 남아 있다고 하였을까. 결혼 전에는 허물을 벗고 밖에 나가도 헌신적이고 깔끔하신 울 엄마가 잔소리 한 번 안 하고 내 방을 깨끗이 치워 놓으셔서 방은 항상 깨끗한 줄로만 알았다. 정리하지 않으면 방이 더럽고 지저분하다는 사실을 결혼하고서야 알게 되었다.

정리는 안 하면서 깨끗한 것만 좋아하는 나는 퇴근하여 더러운 방으로 들어가는 게 참 싫었다. 아침에 출근하면서 내가 어지럽혀 놓은 방이고 내가 벗어 놓은 빨래들인데 말이다. 빨래를 일주일에 한 번 하니 벗어 놓은 양말과 속옷 때문에 방에서 냄새가 나는 듯하여 남편에게 양말은 밖의 빨래 통에 두라고 하는데도 "결혼했는데 어떻게 부모님께 빨래를 빨아 달라고 하냐?"라고 하면서 방에 놓는 것이다. 그의 말이 맞는 말이긴 하지만 지나치게 부모 의존형으로 살아왔던 나는 그렇게 말하는 것이 이해가 안 되었고, '바르고 훌륭하다.'라고 느꼈던 것들이 '답답하고 융통성이 없다.'라고 생각이 바뀌게 되었다. '훌륭하다.'라고 느꼈던 부분들이 '불편하고 쓸데없다.'라는 생각으로 바뀌는 데는 거창하고 큰 문제가 아닌 사소하고 작은 일상적인 일들로 인해서였다.

어떤 때는 퇴근을 하여 편안히 쉬고 싶은데 답답하고 좁은 방, 쾌적하지 않은 방에 다시 들어가는 것이 싫어 집 주변을 두세 바퀴 돌며 방황하다 들어간 적도 있었다. 지금 생각해 보면 밖에서 방황할 시간에 들어가서 정리하면 될 것인데 왜 정리가 안 된 방 탓을 하며 짜증을 부렸는지 알 수가 없다.

어머니 편에서는 며느리가 따로 사는 것도 아니고 부모와 함께 사는데 방 정리도 안 하고 다니는 것을 인내하며 바라봐 주어야 하니 얼마나 힘이 드셨을까? 그 시절 어머니도 몸이 안 좋으셔서 자주 아프셨을 때였는데 잔소리 하나 하지 않고 봐주느라 더 아프시지는 않았나 하는 생각도 든다.

 결혼은 서로 다른 문화와 환경에서 살아온 둘이 만나 생각을 공유하고, 삶을 공유하며 하나가 되는 과정에서 개인의 기질과 연약한 성품들이 모두 드러나게 되어 서로를 힘들게 하는 가시가 되고, 사랑이란 이름으로 서로의 가시를 안고 연합하여 서로를 위로하며 함께하는 복잡하고도 미묘한 시간의 여정이지 싶다. 어제까지만 해도 그저 모르는 타인의 관계에서 갑자기 나의 부모님이 되고, 사위가 되고, 며느리가 되어 행복과 불행의 이쪽 끝과 저쪽 끝을 왔다 갔다 하는 여러 과정을 거치면서 가족이라는 관계를 견고하게 만드는 시간을 쌓아 가는 것이다.
 누군가가 젊은 리즈 시절로 돌아가길 원하느냐고 묻는다면 난 "No."라고 대답할 것이다. 비혼주의가 아니니 누군가를 만나서 결혼을 할 테고 그러면 그 누군가의 아내가 되고, 며느리가 되고, 부모가 되어 가며 서로를 맞추고 적응하며 익숙해져야 하는 모든 일련의 과정들을 살아 내야 하는데 그런 시작을 또다시 하고 싶지는 않다.

  그렇다고 이런 복잡한 과정을 미리 알아 결혼하지 않고 혼자 살겠냐고 묻는다면 그것 또한 "아니다."라고 답할 것이다. 나를 세상에서 제일 사랑하고 아껴 주신 엄마가 돌아가셨을 때 만약 내가 혼자였다면 그 황망함과 슬픔을 이겨 내지 못했을 것이다. 가족이 있어 적당히 슬퍼한 후에는 평상의 시간으로 돌아올 수 있었다.

  행복과 불행의 양면을 지지고 볶으며 함께 이겨 내고, 네 인생이 내 인생이 되어 사는 관계는 세상에서 단 하나, 여보 당신인 부부밖에 없지 않겠는가. 나의 인생을 너의 인생으로 만드는, 힘들지만 아름다운 줄다리기는 죽을 때까지 계속되겠지만 말이다.

봉사로
발을 떼어

 우리 시절에는 중학교에서 고등학교로 진학할 때 연합고사라는 걸 본 후 교육부의 임의 순서로 뺑뺑이를 돌려 배정받았다. 내가 배정받은 학교는 채플과 성경 수업 시간이 있고, 조회 시간에 예배를 드리는 미션 스쿨이었다. 신앙은 없었지만, 아침에 찬양하고 기도하며 하루를 시작하는 것이 나는 참 좋았다. 학교의 자연스러운 기독 교육으로 졸업할 때쯤에는 반 친구들의 80%는 교회에 다녔던 것 같다.

 믿음이 없었던 나는 친구의 손에 이끌려 교회에 다녔지만, 대학 입학 후에는 다니지 않았다. 그러다가 3대째 기독교 신앙이 이어져 내려오는 집에서 자란 남편과 결혼하게 되어 교회에 다시 나가게 되었다. 믿음은 별로 없었는데 교회 주일 학교 교사로 봉사하였다. 어쩌면 나는 신앙을 키우는 것보다 봉사하는 것에 대해 더 열심을 내었던 거 같다. 절대 사랑이 많아서가 아니다. 옆지기인 남편의 권유로 목적도 이유도 없이 그냥 시작하게 되었고, 하다 보니 청소년기의 아이들에게 목적을 갖는 삶을 살아갈 수 있도록 조금이라도 도움을 주고 있다는 사명감이 들어 계속 가르치게 되었다.

비록 전공은 못 하였지만, 중학교 때 배운 무용이 기본이 되어 율동을 안무하며 지도하였고, 고등학교 때 배운 연극이 경험되어 극본을 각색하고 연극을 지도하기도 하고, 또 행사를 기획하고 진행하는 등의 교회 봉사를 거의 25년 동안 지속해 왔다. 참 부족한 능력이었는데 하나님께서는 나를 귀하게 사용하시어 삶에서 선한 영향력을 발휘하도록 도우신 것이다.

10년 전 큰아이가 고3이 되었을 때 남편은 갑자기 '올프렌즈'라는 곳에서 봉사를 시작하였다. '올프렌즈'는 그리스도 사랑을 기간으로 하여 이주민들과 함께하는 비영리 사단 법인으로 이주 노동자와 결혼 이주민들의 한국 사회 적응을 돕는 기관이다.

 이주 노동자들은 한국 사회의 노동 인구 감소와 3D 직업의 기피 등으로 인해 열악한 환경에서 하는 일들을 담당하고 있다. 매년 5~6만 명의 이주 노동자가 우리나라에 유입되어 오다가 코로나로 인해 입국이 제한되어 수가 많이 줄게 되었다. 그러다 보니 산업 현장에서는 일하는 사람을 구할 수 없는 현실적인 어려움이 발생하고 있어 2023년도에는 11만 명의 이주 노동자를 받아들이겠다는 정부 발표가 있었다. 우리 사회는 저출산·고령화 현상으로 인해 외국인 노동 인력이 절대적으로 필요한 상황이다. 우리가 그들과 함께 어울려 살아가기 위해서는 사회적 제도와 기반을 좀 더 구체적이고 현실적으로 구축하여 적극적으로 수용하여야 한다고 생각한다.

 이주민 친구들은 제조업, 건설업, 농축산업, 어업 분야의 근무자로 일할 직장을 정하고, 최장 4년 10개월 동안 일할 수 있는 조건으로 한국에 들어온다. 근무 조건이 좋은 곳에서 일하는 이주민 친구들도 많이 있지만, 아직도 차별적인 근무 환경에서 일하고 열악한 숙소에서 거주하는 친구들도 많이 있다. 열악한 근무 환경에서 일하는 친구들은 회사를 옮기고 싶어도 사업주가 동의해 주지 않으면 4년 10개월 동안 옮기지 못하고 꼼짝없이 그곳에서 일하여야 한다. 일하기 어렵고 힘들어서 임의대로 회사를 옮기게 되면 미등록 외국인, 우리가 소위 말하는 불법 체류자로 처지가 바뀌게 되는 것이다. 그렇다고 이주 노동자들이 마음대로 일하는 곳을 옮겨 버린다면 그것도 또한 우리 산업 현실에 많은 어려움이 따르게 되어 적합하지는 않을 것이다. 이주 노동자의 안전권을 보장하기 위한 정책들이 제도적으로 마련되고 있지만 그들의 처지에서 실질적으로 적용하기 어려운 것이 지금의 현실이다.

남편은 '올프렌즈'에서 이주 노동자에게 한국어를 가르치는 봉사를 하면서 좀 더 전문적이고 체계적인 교육을 위해 한국어 교원 자격을 취득하는 열정을 발휘하였고, 큰아이가 대학에 입학하자 함께 봉사하자고 권유하여 1년간 딸과 함께 한국어를 가르치기도 했다. 나에게도 같이하자고 여러 번 이야기하였으나 교회에서 봉사하는 일이 있어 함께하지 않았다. 나는 한번 시작한 일을 꾸준하게 하는 편이어서 더 많은 봉사를 하는 것이 힘에 겨워 사양하였지만, 남편의 강압적인 권유와 꾸준한 성화에 못 이겨 결국은 같이하게 되었다.

'올프렌즈'에서 나는 무용과 공예를 가르치는 교육 봉사도 하고, 문화 행사와 수련회 같은 행사를 기획하고 총괄하여 진행하기도 하고, 외부 기관의 공모 사업에 몇 개 사업을 제안하여 수탁받는 등 다양한 봉사를 하였다. 이주민 친구들과 함께하는 여러 활동과 시간을 통해 나의 삶은 더 풍요로워졌고 더 많은 기쁨과 감사를 누리게 되었다.

사회 복지사 자격을 갖추면 그들에게 더 많이 도움이 될 것이라는 주변의 조언을 듣고 나와 남편은 사회 복지사 2급 자격을 취득하였고, 나는 친구들이 겪는 타국살이 외로움과 힘든 마음을 더 많이 이해하고 깊이 있는 정서적 교감을 나누고 싶어 심리 상담사 자격도 갖추었다.

'올프렌즈'에서 봉사를 시작한 지 8년 차가 되었을 때 직원으로 근무해 달라는 요청을 받았다. 그때 나는 근무 환경이 꽤 괜찮은 노인 전문 병원에서 근무하고 있었는데, 잘 근무하고 있는 직장을 옮기는 것이 옳은 것인지 많은 고민이 되었다. 플러스마이너스를 따진다면 일단 월급이 최저 시급으로 확 줄어든다는 것이다. 돈보다 가치를 더 중요한 게 생각하며 삶을 살아왔다고 생각했는데 선택의 순간이 눈앞에 닥치니 실리와 가치를 놓고 따지고 계산하며 갈등하고 있었다. 그 밖에도 이직을 결단하는 데 머뭇거리게 하는 요인이 한두 가지 더 있어 고민하며 명쾌한 답을 내놓지 못하고 서너 달을 그냥 흘려보냈다. 이렇듯 여러 마음으로 저울질하는 나를 보니 인간이 참 간사하기도 하다는 생각이 들었다.

그렇게 고민에 고민을 거듭하다가 신앙인으로서 주님이 기뻐하실 것 같다는 생각과 남편의 권유로 이직을 결정하였다. 예상은 했지만, 봉사와 직업의 차이는 컸다. 쉬지 않고 밀려드는 과다한 업무량으로 잦은 야근이 되풀이되었고, 또 내담자의 어려움들이 그대로 나에게 감정 이입이 되어 정서적으로도 힘들어 이직했던 것을 후회하기도 했다. 이직으로 좋은 점도 있다. 날마다 찬양을 들으며 일을 할 수 있는 환경과 친구들이 어려운 상황에 부닥칠 때 내가 달려가 위로를 나누고 해결 방법을 찾아 가며 함께할 수 있다는 것이다.

한국에 거주하는 외국인 주민과 함께하다 보면 많은 사례를 접할 수 있다. 미등록 외국인은 의료 보험에 가입할 수 없어 아프더라도 병원을 찾아가기가 어렵다. 의료 보험 미가입으로 경제적 부담이 커 병원에 가는 것을 꺼리다가 작은 병을 큰 병으로 키우는 것이다.

맹장이었는데 아픔을 참고 참다가 참기가 너무 힘들어 병원에 가니 복막염으로 번져 생명까지 위독하게 된 사례, 임신 중독증으로 조기 출산하여 아기 병원비가 수천만 원이 발생하는 사례, 아이는 낳았는데 근로 계약 기간으로 인해 쉬지도 못하고 일을 해야 하고, 아이를 맡길 곳이 없어 위탁할 곳을 찾아 발을 동동거린 사례, 열심히 일해 번 돈을 고국의 부모님께 보내 드렸는데 부모님이 다른 형제에게 모두 주어 본인은 재산도 돈도 하나도 없어서 고국으로 돌아갈 수 없는 상황이 된 사례, 지금은 상황은 많이 좋아져 자주 발생하지는 않지만, 임금 체납으로 어려움에 부닥친 사례, 사업주가 불법 체류자를 채용하여 일을 시키고 월급은 주지 않아 월급이 밀리자 계획적으로 불법 체류를 신고하여 강제 송환을 당하게 한 사례 등 이주민 친구들과 함께하면서 다양한 사례를 경험하고 있다.

이렇게 말하니까 이주 노동자들이 모두 어려운 처지에 있는 것처럼 보일 수도 있는데, 좋은 회사에서 좋은 사업주와 동료를 만나 잘 적응하는 친구들도 많다.

다문화 가정의 아이들을 살펴보면 대체로 학업 성적이 부진하다. 아버지 대부분은 나이가 많고 또 생활을 위해 일을 해야 해서 아이들의 학업을 살피기가 어렵고, 엄마는 한국말을 잘하지 못하여 사용하는 어휘가 적다 보니 아이들 교육에 도움이 되지 않는다.

남편과 사별하였거나 이혼하여 혼자 키우는 싱글 맘인 이주 여성들도 많아 아이들을 제대로 가르치기가 쉽지 않은 형편이다.

한국 사람들도 어려운 형편에 놓여서 도움이 필요한 경우가 많이 발생하지만, 이주 노동자들의 경우는 한국의 제도권 안에 있지 않은 상황이라 사회적인 복지와 구제로 접근하는 것 자체가 어려운 게 현실적인 상황이다.

봉사로 발을 떼어 시작된 이주민들과 함께하는 삶은 내 인생에 큰 전환점이 되었다. 중년에 편하게 살 수 있었을 보금자리에서 이탈하여 힘듦과 고생이 따르는 사회 복지사와 심리 상담사로의 변화이지만 친구들을 통해 많은 사례를 접하면서 그들을 도울 수 있고, 그리스도의 향기를 드러낼 수 있는 축복된 삶에 발을 디디고 있다는 것에 감사함을 느낀다.

또 다른 발걸음을
시작합니다

  하루를 살 때, 때로는 열심히 생활하였고, 때로는 여유를 부렸고, 때때론 게으름도 피웠다. 그래도 내가 어른이 된 후부터는 대체로 열심히 꾀부리지 않고 묵묵히 살아 낸 듯하다.

  자랄 때는 탁월하게 잘하는 건 없었지만 가족들의 사랑에 힘입어 자신감이 충만한 내가 있었고, 사춘기가 뭔지 잘 모를 정도로 유순하게 자란 편이라 특별히 부모님 애를 태워 드리지도 않았고, 결혼 후에는 아내라는 이름으로 살면서 엄청 빡세게 열심히 살아 낸 것 같다.

  아내라는 이름으로는 같이 가정 경제를 함께 돌보기도 하고, 남편의 동반자로, 친구로 같은 곳을 바라보며 함께했다. 엄마라는 이름으로는 미숙하고 어리석을 때도 많았지만, 아이들이 인정하든 안 하든 내 나름대로는 최선을 다해 엄마 역할을 열심히 해내었다. 신앙인이라는 이름으로는 한없이 한없이 부족하고 삶이 많이 못 미치지만, 마음만은 그분이 기뻐하시는 그 자리에 있고 싶은 소망이 항상 나에게 있으니 그것으로 퉁쳐 본다.

이렇게 저렇게 그렇게 지내다 보니 시간이 훅 지나가 버렸다. 나를 낳아 준 부모님은 하늘나라로 떠나신 지 오래고 아내, 엄마, 신앙인이라는 이름은 그대로 남아 있지만, 주변의 모든 것이 변화하여 진화하고 커져 가는데 나는 '나'라는 이름이, '나다움'이 사라져 버리고 있다는 생각에 묻힌다.

부부가 공통 취미가 있어야 건강한 부부의 모습으로 즐겁게 늙어 갈 수 있다고 하던가? 그렇다면 우리 부부의 공통 취미는 무엇일까? 남편과 나는 특별히 좋아하는 취미도 운동도 없다. 넓은 의미로 함께하고 있는 활동을 취미로 말해 본다면, 우린 종교 활동의 장에서 많은 시간을 함께하고 있다.

넉 달 전쯤 교회 2023년 준비를 위한 워크숍이 있어 남편과 함께 참석했다. 선한 영향을 끼치는 교회가 되도록 만들어 가기 위해 서로의 의견을 제시하고 타협점을 찾아 가려 노력하고 고심하는 과정을 갖는 것이다. 워크숍은 저녁 8시쯤 시작해서 새벽 2시까지 진행되었다.

  나는 워크숍이나 회의에 참석할 때마다 '다들 어쩜 저렇게 기승전결 구조를 갖추어 의견을 제시하고 논리적, 합리적으로 말을 할 수 있을까?' 하고 놀란다. 반면에 나는 말을 썩 잘하지 못하는 편이다.

  그날 회의 초반에 내가 안건에 대해 뭔가를 이야기했고 내 뒤를 이어 남편이 발언했다. 그런데 거기서 남편이 나의 자존심을 건드렸다. 회의 석상에서 내가 말한 내용에 대해 무시하는 발언을 한 것이다. 내가 본인의 부인이 아니고 타인이었다면, 설령 회의에 마땅한 말을 하지 않았더라고 굳이 내가 잘못 말했다고 말을 하였을까? 아니다. 절대 그러지 않았을 것이다. 평소 점잖고 배려가 있는 남편은 그냥 자연스럽게 넘어갔을 텐데, 내가 자기 아내이다 보니 집에서 둘이 이야기를 나눌 때처럼 "아니다." "잘못 말했다."라는 말을 아주 자연스럽고 쉽게 말한 것이다.

순간 나는 주변 사람들이 눈에 들어와 사춘기 아이처럼 창피하기도 하고, 민망하기도 하여 나를 배려하지 않은 남편이 밉고, 짜증 났다. 마음에서 온갖 생각으로 전쟁이 일어나 평정심을 잃게 되었지만 애써 의연한 척, 태연한 척하는 과장으로 더 많은 말과 액션을 하게 되었다. 사람이 말을 많이 하면 실수를 하게 되어 있다. 더구나 정서적으로 안정이 안 되어 있는 상태에서 말을 마구 하였으니 순간순간 하지 않아도 되는 말을 뱉어 내었고, 그 실수를 감추기 위해서 또 다른 말을 하고, 그렇게 정신을 붙잡지 못한 상태로 회의를 마쳤다. 잠을 자려고 누웠는데 횡설수설하며 내뱉은 말들과 여러 상황이 생각나서 참 많이 무안하고 부끄럽고 창피하였다.

그런데 더 웃기고 황당한 건 남편이 나를 속상하게 한 말이 무엇인지 생각이 안 난다는 것이다. 그때의 그 상황만 기억이 날 뿐 무슨 말이 나를 그렇게나 화가 나게 했는지 도무지 기억나지 않는다. 나를 엄청나게 기분 나쁘게 만들고 자존심까지 상하게 한 그 말, 거의 6시간의 긴 줄다리기 회의 동안 내내 나의 멘탈을 나가게 했던 그 말이 도대체 무슨 말인지 전혀 기억나지 않앉다. 이런 내가 어이가 없고 황당했다. 이걸 나이 탓을 해야 하는 건지, 지능 탓을 해야 하는 건지, 갱년기 호르몬 탓을 해야 하는 건지.

1박 2일 워크숍 일정을 끝내고 집에 와서 남편에게 "워크숍에서 당신이 했던 말로 인해 감정과 자존심이 상해 너무 화가 나고 힘들었다."라고 하며 나를 존중해 달라고 강력하게 말하였다. 남편은 그 어떤 말도 나를 무시하려고 한 의도는 없었다고 하며 무슨 말에 그렇게 느꼈는지 말을 해 달라고 했다.

나도 '당신이 나에게 이런 말을 이렇게 하지 않았냐?'라고 따져 묻고 싶은데 슬프게도 내 머릿속에는 기억이 없다. 기분 나쁘게 한 그때의 분위기와 나의 상한 감정은 또렷하고 정확하게 느껴지고, 시간이 지날수록 징 소리처럼 점점 더 세게 여운이 남아 있어 나의 자존감까지 무너지게 하고 있는데, 기억나는 문장도 단어도 전혀 없다는 것이다.

남편은 "무슨 말이었든 당신을 무시하는 마음은 절대 없었으니 기분 나빠하지 말고, 어찌 되었든 나로 인해 당신이 기분 나쁘게 됐으니 미안하다."라고 사과했다. 나도 그의 성품상 나를 무시하려고 말하지는 않았다는 것을 잘 안다. 그리고 나보다도 더 나를 지지하고 응원하는 사람이 남편이라는 것도. 그렇지만 마음이 쉬 풀어지지 않았다. 그 일로 인해 잠을 못 이루는 일주일의 밤을 지내면서 '현재의 나'에 대한 생각을 하게 되었다.

나는 외국인 주민들과 함께하는 기관에서 일하고 있다. 한국에는 다양한 외국인 주민들이 있지만 내가 만나는 이주민은 주로 저개발 국가에서 돈을 벌기 위해 한국에 온 이주 노동자들과 한국 사람과 결혼한 결혼 이주 여성들이다. 나는 이 친구들이 한국에서 생활하면서 발생하는 어려움을 해결하여 한국 생활에 잘 정주할 수 있도록 돕고 있다.

그들과 대화하고 소통하려면 최대한 쉬운 단어와 문장으로 천천히 이야기 나누어야 한다. 우리 기관에 봉사하시는 분 중에 한 분은 "나는 장애인 봉사를 많이 하여 말을 대체로 쉽게 하는 편인데 그런 내 말도 이주 노동자들은 어려워합니다."라고 말을 한다. 그 얘기를 듣고 보니 나는 거의 유치원 수준의 단어를 사용하여 이주민 친구들과 대화하고 있었다. 직업 특성상 유식

하고 품위 있는 단어를 사용하지 않다 보니 그나마 알고 있는 단어도 머릿속에서 없어져 가고, 남들은 영어는 기본이고 제2 외국어, 제3 외국어까지 구사하는데 나는 모국어인 한국말도 서툴러져 간다는 생각이 들었다.

바쁘고 시간 없다는 핑계로 나의 내면을 위한 투자를 하지 못하고 살고 있다는 현실과도 직면했다. 또 나의 성실과 열심이 나를 제외한 주변의 기대와 생각에 맞춰져 있었던 것은 아닌지, 성숙하지 않은 신앙인이 성숙한 체하며 고상을 떨고 이해와 사랑과 포용이 넓은 척 애쓰느라 나 자신을 묵인하고 방치한 채 살고 있는 것은 아닌지, 여러 정리되지 못한 많은 생각들로 전쟁이 일어났다.

그렇게 기분 나쁜 말을 들었는데 무슨 말인지 기억도 안 난다는 내 뇌의 노화도 한심하고, 흰머리와 주름과 뚱뚱해진 나의 외형적인 모습도 새삼 눈에 들어와 초라함을 더했다. 자기 객관화를 하여 나의 내적·외적 모든 모습을 분석하다 보니 자신감이 가득하고 자아 충만했던 나는 어디론가 없어지고 끝없는 바닥으로 떨어진 자존감만 남아 낮아진 자아를 붙잡을 방법이 없었다.

심리학자 브레네 브라운의 《나는 불완전한 나를 사랑한다》(가나출판사, 2019)에서 "내가 누구인지 알기 위해 노력하는 동안 자신을 친절하고 너그럽게 대할 줄 알아야 한다. 온 마음을 다하려면 자신에 대해 많이 알고 내면의 힘을 추구하는 동시에 자신의 민감한 부분과 취약한 부분을 포용할 줄 알아야 한다. …(중략)… 자신에 대해 솔직하게 이야기하고 자신을 사랑하는 것은 우리가 할 수 있는 가장 용감한 일이다."라고 하였다. 그래서 나는 나를 사랑하기 위해 먼저 '나의 내면의 유치하고 불안전한 취약성을 인정하고 받아들이자.'라는 생각을 하게 되었고 '오늘의 나와 내일의 나를 위해 변화하자.' 그리고 '내일 나의 인생을 위해 또 다른 발걸음을 떼어 보는 걸 시작하자.'라는 생각에 도달하였다.

일단 '비어 있는 단어를 채워 보자. 비어 있는 나의 머리에 단어를 채우기 위해 교양 강좌를 듣고 책을 읽어 보자.'라고 결심하고 실행에 옮겼다.

교양 강좌는 유튜브를 통해 유명 강사들의 강의를 듣기 시작했다. 독서는 내가 혼자 지속해서 읽는 것은 아무래도 어려움이 있겠다 싶어 북클럽 가입을 생각했다. 가입을 위해 여기저기 알아봤지만 마땅한 데가 없었다. 도서관에 가면 독서 활동이 있겠지만 나는 일하는 처지라 도서관에 갈 시간이 없다. 그래서 친구들에게 "같이 책을 읽자."라고 말도 꺼내 봤지만, 친구들은 노안이 와서 글자를 읽는 일은 가능한 피하고 싶다고들 한다. 친구들 말처럼 노안으로 글을 읽는다는 게 쉽지 않은 건 사실이다. 그렇지만 더는 현실을 핑계로 멈춰 있고 싶지는 않았다.

인터넷 탐색으로 MKYU 대학을 찾게 되어 등록하였다. MKYU의 강의를 통해 '나다움'을 발견하고 도전하며, 책을 읽고 토론하고, 과제를 위해 인스타그램도 시작하게 되고 이전보다 난 몇 배나 더 바쁘게 살고 있다. 바쁜 현실 상황이지만 나를 위한, 나의 브랜드를 만들어 가기 위해 시간을 쪼개 가며 나를 위한 투자를 하기로 작정하고 또 다른 시작의 발걸음을 내딛는다.

능력 없음에 주저앉지 않고 지금, 이 순간에도 용기 내서 글을 쓰고, 나를 찾고 나다움을 만들어 가고 있다.

더 나은, 더 멋진 나를 위해 나는 오늘도 '갓생' 산다.

역지사지를
시작하다

 팔 남매로 시작했는데 이제는 네 명의 오빠와 언니, 나 이렇게 육 남매만 남아 있다. 띠동갑인 언니와 나는 일반적인 자매 관계와 달리 각별하다. 자매이지만 엄마와 딸 같다고나 할까. 엄마가 돌아가신 후로 언니는 나를 자식 챙기듯이 살핀다.

 엄마가 떠나가신 지 17년이 지나갔건만 나는 여전히 엄마가 보고 싶고 그립다. 머리가 복잡하고 마음이 어지러울 때면 나도 모르게 습관처럼 "엄마 보고 싶다."라는 말을 한다. 생각이 복잡해지는 상황이 되면 입 밖으로 새어 나오는 일종의 말버릇이다. 남편은 나의 말버릇을 들으면 얼른 "처형에게 전화해."라고 말하며 핸드폰을 내게 들이민다. 이런저런 수다를 떨면서 언니에게 맘껏 어리광을 부리고 나면 마음속 뭔가가 해소되어 정서적으로 안정이 된다.

  엄마라는 단어에는 측량할 수 없는 사랑과 표현할 수 없는 위대함이 있다고 생각한다. 나는 가끔 딸과 아들에게 "너희는 엄마라고 부르면 대답하는 사람이 있어서 참 좋겠다."라고 말한다. 남편도 엄마가 있고, 울 아이들도 엄마가 있는데, 나만 부모가 없는 고아다. 그래서 "나는 고아여서 우리 집에서 제일 불쌍한 사람이니 나를 잘 돌보고, 보살펴야 한다."라고 가족들에게 말하곤 한다. 그러면 모두 장난으로 듣고 웃고 넘기지만 엄마라는 단어를 사용할 수 없는 나로서는 마음껏 엄마라고 부를 수 있는 남편도 아이들도 너무 부럽다.
  엄마가 만약 지금까지 살아 계신다면 올해로 상수(上壽)셔서 어쩌면 내가 귀찮아했을 수도 있겠다 싶다. 100살 먹은 엄마의 모습이 그려지지 않는다. 내 기억 속의 엄마는 여든셋의 고운 모습으로 멈춰 "막내야!" 말씀하시며 나를 향해 팔을 벌리고 계신다.

  우리 식구들은 모두 과일을 좋아한다. 여름이 되면

엄마는 고등학생인 다섯째 오빠와 중학생인 막내 오빠, 초등학생인 나에게 수박을 한 덩이씩 나누어 주셨다. 그러면 우리는 수박의 머리 부분을 잘라 뚜껑으로 사용하고 숟가락으로 파먹었다. 한 통씩 차고앉아서 먹고 싶을 때마다 먹다 보면 하루 만에 수박의 빨간 속은 안 보이고 껍질만 남아 있게 된다. 나는 지금도 과일 들어가는 배는 따로 가지고 있어서 수박은 앉아서 반 통, 단감은 큰 것으로 예닐곱 개 정도는 한순간에 먹어 치운다.

형제애가 강한 우리 가족은 엄마를 대신하여 막내인 나를 이렇게 저렇게 살피고 챙겨 준다. 초겨울로 접어들면 우리 집 베란다에는 대봉과 단감 서너 상자가 자리를 차지하고 앉아 있다. 예전에는 엄마가 보내 주셨는데, 이제는 오빠들과 언니가 해마다 보내 주고 있다. 언니는 복숭아 철에는 복숭아를, 꼬막 철이 되면 꼬막을, 내가 몸이 조금이라도 안 좋다고 하면 산낙지를, 또 본인이 회를 맛있게 먹은 다음 날에는 회를 떠서 보내 주며 나를 알뜰살뜰히 챙긴다. 내가 사는 곳에도 맛있는 과일과 회가 있는데도 언니는 해마다 바리바리 보내 주고 있다.

언니가 없는 울 딸은 "나에게도 언니 한 명 낳아 줘!

나도 이모 같은 언니를 갖고 싶어!"라고 말하며 나를 부러워한다. 나는 엄마를 가진 딸을, 딸은 언니를 가진 나를 서로 부러워하고 있다.

어느 땐가부터 언니와 나는 올해는 자매끼리 여행을 가자고 약속한다. 그런데 뭐가 그리 바쁜지 약속을 지키지 못하고 해를 넘기곤 한다. 언니는 순천에서 주유소를 운영하고 있고, 나도 직장 때문에 시간이 자유롭지는 않아 서로의 일정을 맞추기가 쉽지 않다. 더구나 나는 근무 여건상 토요일과 일요일이 제일 바쁜 날이다. 이주민 친구들이 그들의 직장이 쉬는 토요일과 일요일에 '올프렌즈'에 나오기 때문이다.

어떻게 하다 보니 벌써 한 해의 마지막 달력 한 장만 남게 되었다. 이러다가 2022년에도 그냥 넘어갈 듯하여 부랴부랴 날짜를 정해 부산 여행을 계획하였다. 마침 올케언니 두 명도 시간이 맞는다고 해서 함께하기로 했다.

칠순 먹은 두 명의 할마씨와 예순다섯 할마씨를 모시고 가이드도 하고 비서도 하고 운전기사도 하며 부산 여행을 다녔다. 여행을 함께 하니 너무 좋고 즐거웠는데 한편으로는 애잔한 마음이 들었다. 4년 전 유럽 여행을 갔을 때만 해도 장시간 비행기를 타고, 자동차를 타고, 또 배를 타고 다니는 보름의 일정에도 끄떡없었던 언니들이었고, 나이에 메이지 않고 열심히 살아가는 언니들의 모습에 품위가 느껴져 갈수록 더 멋져진다고 생각하여 세월의 스침이 신체에 미치고 있다는 생각을 전혀 하지 못했었다. 이번 2박 3일 부산 여행하는 동안 '할마씨들'이라고 부르며 구박하고 너스레를 떨었지만, 언니들의 나이가 피부로 느껴져 마음이 애틋해진다.

처음 시집왔을 때 철없었던 막내 아가씨가 이제는 본인들을 이끌고 다닌다고 좋아하는 올케언니들을 보며 이제는 '내가 보호자구나.'라는 생각이 들었다. 또 같이 여행하자고, 꼭 데리고 다녀 달라고 부탁하는 언니들. 막내라고 매번 받기만 했는데 이제부터는 아주 가끔이라도 내가 보호자가 되어야겠다.

요트 투어를 하며 바라보는 저녁노을과 도시 전경에 황홀해하며 좋아하는 언니들의 모습이 눈에 선하다.

변화하는 인생 속에서 변화될 날을 생각하며 준비하는 마음도 필요하다. 나이의 경계가 어느 정도에 이르면 서로의 입지가 바뀐다. 우리의 의지와는 상관없이 보호자에서 보호받는 자가 되고, 보호받던 사람은 보호자로 바뀌게 되는 것이 인생의 삶의 구조인 것이다. 막내인 내가 이제 언니, 오빠들에게 보호자가 되어 보련다.

김지수, 이어령의 《이어령의 마지막 수업》(열림원, 2021)에서 "이 컵을 보게. 컵은 컵이고 나는 나지. 달라. 서로 타자야. 그런데 이 컵에 손잡이가 생겨 봐. 관계가 생기잖아. 손잡이가 뭔가? 잡으라고 있는 거잖아. 손 내미는 거지."라고 했다. 세월 안에서 나이 먹는 멋진 일을 해내고 있는 인생에서 손잡이가 달린 인간으로 사는 삶을 선택하며 살아가야겠다.

품격 있는
액티브 시니어 되기

소설의 주인공은 나

**주인공인 "나"의 매력이 저절로 뿜어 나오도록
주관을 갖고 삶을 즐기자**

"다소 실수하고 엉뚱한 생각으로 곤경에 빠지기도 하지만 자신을 믿고 당당하게 헤쳐 나가는 모습은 매력적이다. 세상은 녹록지 않고 나는 작고 여리다. 하지만 폭풍을 뚫을 각오를 하고 섰다. 부처님께서는 나는 내 생각의 소산이라고 하였다. 지금의 나라는 존재는 그동안 내가 생각해 온 결과물이다. 지금 생각을 바꾸면 나도 바뀌고 미래도 바뀐다."
이라야, 《퍼스널 리셋》(미디어숲, 2020)

삶은 산을 오르는 것과 같다. 정상만 생각하며 앞만

보고 오르는 사람도 있고, 주변 경관을 즐기며 천천히 오르는 사람도 있다. 어떤 것이 정답이라고 정해져 있는 것은 아니다. 산을 오르며 주변의 나무들도 보고 물소리도 듣고 힘들면 쉬었다 가며 산에 있는 것들을 유심히 보면 안 보이던 새로운 풍경들이 다가온다. 정상만 생각하고 올랐다면 전혀 느끼지 못하고 보지 못하던 것들을 보며 힐링하고 즐거움을 느낄 수 있는 것이다.

지금까지 정상만 생각하고 앞만 보고 올라가는 등산이었다면 이젠 힘들면 앉아서 쉬기도 하고 물소리, 새소리도 듣고 모르는 풀들에도 인사해 주고 주변의 풍경들을 눈에 담아 가며 산을 오르는 삶을 살고 싶다. 결혼하여 딸, 아내, 엄마, 며느리, 직장의 한 역할을 거머쥔 이후는 나보다 가족이라는 테두리 안에서 책임을 다하고 살았다. 나를 챙기고 아끼는 시간보다 아이들과 남편을 위한 시간이 많았다. 누가 강요하거나 가르쳐 주지 않았지만 그런 삶이 올바른 길인 것으로 믿었고 그렇게 살아야 하는 것으로 알았다. 그렇게 지금까지 인생에 주어진 숙제의 절반을 잘 해결한 것이다. 이젠 주부, 엄마라는 무대에서 내려와 연극을 바라보는 관객이 되어도 될 만큼 자유로운 시간이 생겼다. 진정 이젠 내 곁에서 잘 살아 준 나를 보듬고 사랑해 주고 나만의 숙제에 집중해도 될 나이라고 생각한다. 나를 아끼고 사랑하는 방법은 무엇일까? 내가 원하는 것을 얻으려면 먼저 나 자신부터 귀하게 여겨야 한다.

어떤 과학자는 인간의 수명이 죽음을 선택해야 할 시간이 올 정도로 오래 살 수 있을지도 모른다고 했다. 앞으론 오래 사는 것이 축복이 아닐 수도 있다는 말이다.

〈플랜 75〉라는 영화는 2022년 부산 국제 영화제에 상영된 일본 영화로 하야카와 치에 감독의 작품이다. 이 영화는 초고령 사회로 접어들어 노인 인구가 너무 많아지자 정부에서 75세 이상 노인에게 국가가 나서서 안락사를 권장하는 '플랜 75'라는 정책을 시행한다는 내용이다. 죽음을 국가가 강요하는 것이다. 이 영화는 2016년 일본에서 한 남성이 장애인 시설에서 노인을 죽이고 다치게 한 사건을 모티브로 만들어졌다고 한다. 그래서인지 젊은 남성이 생산성 없는 노인들은 살처분해야 한다는 유서를 남기고 자살하는 장면으로 영화가 시작된다. 정부가 플랜 75 정책을 대대적으로 광고하고 담당 공무원은 공원을 찾는 노인에게 따뜻한 수프를 대접하며 죽음을 권유한다. 그리고 죽음을 선택한 노인들에겐 위로금 10만 엔(한화로 약 98만 원)으로 온천 여행을 가게 하고 맛있는 외식도 하게 한다. 영화지만 섬뜩하고 현실이 될 수도 있을 거란 생각이 들기도 한다. 이젠 얼마나 오래 사는 것이 중요한 게 아니라 얼마나 가치 있는 삶을 사느냐가 중요하다고 본다.

지금까지 살아온 인생을 1막 2장의 연극으로 본다면 50대는 제2의 인생을 준비하는 2막의 무대를 시작하기 전 준비하는 시간이다. 50대의 십 년을 어떤 꿈과 목표를 가지고 준비하느냐에 따라 2막의 인생이 달라진다. 진정한 삶의 즐거움을 느끼기 위해 나만의 꿈 빌딩을 쌓아야 한다.

꿈은 젊은 사람에게만 해당하지 않는다. 그동안 간절히 하고 싶었던 것이나 중간에 하다가 어쩔 수 없이 포기한 것이 있다면 늦었다고 생각 말고 도전해야 한다. 지금까지 살면서 실패한 나의 실패 이력서를 들춰봐도 좋을 것이다. 실패 창고에 가득한 실패가 부끄럽고 창피한 것이 아니다. 실패 이력서에 있는 것 중에서 다시 도전해 보는 것이다. 20대에 실패한 것일 수도 있고 시작도 못 해 보고 마음속에 간직한 실패일 수도 있다. 어느 것이든 지금이 가장 빠른 시간이기 때문이다. 꿈 빌딩은 경쟁이 없으니 마음속에 매일 꿈 빌딩을 올리는 벽돌을 차곡차곡 쌓아야 한다.

미래에 대한 꿈을 갖고 있으면 생각 조망권이 달라지고 자존감을 지키며 살 수 있다. 앞으로 남은 50년은 내 삶에서 내가 주체가 되어 잘 살아 낼 수 있는 마음의 허브가 된다. 꿈을 이루기 위해 흔들리지 않는 철학을 가져야 행복, 가치, 품격 있는 인생 후반전이 될 것이다.

KP커뮤니케이션의 《인생을 두 번 사는 사람들》(부크럼, 2022)이란 책에는 20명에 이르는 인물들의 삶에 대한 글이 나온다. 여기 나오는 인물들은 50이 넘어 자신이 좋아하는 일에 도전하여 행복을 느끼는 사람들의 이야기다. 우리가 생각했던 노인과는 사뭇 다른 삶을 살아가는 멋진 시니어들이다. 자기 삶을 새롭게 만들어 즐길 줄 아는 액티브 시니어들이다. 도전은 젊은 사람들의 전유물처럼 생각하지만, 60대에 모델의 꿈에 도전해 제2의 인생을 즐기는 김칠두 씨, 57세에 운동을 시작하여 머슬 마니아 대회 우승을 거머쥔 장래오 씨, 40대에 도전하여 최고의 도예가가 된 강종말 씨 등이 나온다. 이들은 모두 늦은 나이에 꿈꾸던 것을 시작하여 최고의 자리에 오른 것이다. 이들은 모두 내 주위에서 볼 수 있는 평범한 사람들의 이야기이다.

  오늘날의 노인은 과거의 노인과는 다르다고 단언한다. '액티브 시니어'란 말은 미국 시카고 대학교 심리학과 교수인 버니스 뉴가튼이 처음으로 사용하였다. 그러면서 40~49세로 은퇴를 앞두고 준비하는 세대를 프리 시니어(pre senior), 50~75세의 풍부한 사회 경력과 경제력과 소비력을 갖춘 세대를 액티브 시니어(active senior)라고 정의했다. 2020년 5월 문화 체육 관광부와 국립 국어원은 액티브 시니어를 대체할 우리말로 '활동적 장년'이란 단어를 선정했다. 자기를 위해 투자할 마음이 많고 또한 경제력도 충분한 것이 특징이다. 좀 더 품격 있는 삶을 누리고 싶은 욕구가 있다. 액티브 시니어는 특히 건강에 관심이 많아서 건강식품에 대한 소비가 높다. 그리고 스포츠 등으로 몸을 움직이는 것에 의식이 높다는 것을 관련 쇼핑물의 매출 증가로 알 수 있다. 또한 버킷 리스트를 만들어 실천하려고 하고 취미나 여행, 쇼핑을 좋아한다. 특히 자기 계발에 관심이 많다. 은퇴 후 취미가 제2의 직업이 될 정도로 몰입하는 사람이 많다. '실버티즌'이라는 말이 생겨날 정도이다. 고령자를 뜻하는 실버(silver)와 인터넷 사용자를 뜻하는 네티즌(netizen)의 합성어가 생겨났다. 이들은 스마트폰이나 SNS들을 잘할 수 있어 블로그, 인스타, 유튜브 등을 하며 사람들과 소통하고 자기를 알리는 데도 적극적이다.

'인생 학교(The school of life)'는 2008년 영국에 알랭 드 보통이 설립한 학교이다. 삶의 의미와 살아가는 법에 대한 깊은 사유의 기회를 제공하는 게 이 학교의 설립 목표이다. 인생 학교 프로젝트의 주제는 '일'이다. 우리 인생에서 일은 어떤 의미이며 내 삶에서 일을 어떻게 정의할 수 있는지 생각해 봐야 한다. 19세기의 프랑스 작가 프랑수아 르네 드 샤토브리앙은 "진정한 삶의 고수는 일과 놀이, 노동과 여가, 몸과 머리, 공부와 휴식을 명확하게 구분하지 않는다."라고 말했다.

다음은 어느 노교수의 회고이다.

"나는 존경과 박수를 받으며 60대 초반에 자랑스럽게 은퇴했지만, 90세가 되어 후회의 눈물을 흘렸다. 지난 30년의 삶이 한없이 부끄럽고 후회스럽기 때문이다. 육십 이후의 삶을 덤으로 살았다. 희망 없는 시간을 30년이나 지속해서 살았다. 퇴직할 때 앞으로 30년을 더 살 수 있을 것으로 생각했다면 정말 이렇게 살지 않았을 것이다."

앞으로 남은 인생을 후회하는 시간으로 보내고 싶지 않고 다른 사람들의 프레임에 따라 움직이고 싶지 않다면, 용기를 내어 움직여라. 더 가치 있는 자신과 세상을 위해 무엇인가 해야 할 나이이다. 액티브한 시니어가 되고 싶다면 생각만 하지 말고 행동으로 움직여야 한다. 그것은 특별하고 굉장한 것이 아니어도 된다. 내가 진정으로 하고 싶었던 것을 시작하여 꾸준하게 하면 되는 것이다. 빅토르 위고는 "사십은 청년의 노년기이며 오십은 노년의 청년기이다."라고 말했다. 내가 진정 원하는 삶이 있다면 이제라도 도전해야 한다. 목표가 있는 삶은 늙지 않는다. 소설의 멋진 주인공이 되어 액티브한 품격 있는 시니어가 될 것이다.

LET'S LEE로 시작하는
세컨드 라이프

웨인 다이어의 《인생의 태도》(더퀘스트, 2020)에는 이런 말이 나온다. "행복은 삶의 어떤 목표나 도달해야 할 목적지가 아닙니다. 다만 나아가는 여정입니다. 좋은 관점과 애정을 가지고 한 걸음 한 걸음씩 나아가는 자세에 달려 있습니다." 결과보다는 과정을 즐기며 사는 것이다. 이를 위해 LET'S LEE 하자.

내 마음에서 시키는 일, 하고 싶은 일을 하며 놀기도 하고 즐기기도 하는 일거리 있는 삶으로 지내야 한다. 배우고 익힌 것으로 주위에 선한 영향력을 줄 수 있는 사람이 되기 위해 LEE 하는 시간을 갖자.

LEE란 Learn(배우고), Earn(벌고), Enjoy(즐기는)

라이프 스타일이다!!

첫 번째, 배우는 것의 즐거움

인생에서 가장 자유로운 시간이 50대 이후라고 생각한다. 자고 나면 쏟아지는 정보 지식이 넘치는 시대다. 웹2.0인 시대가 엊그제 같은데 벌써 웹3.0에 메타버스, NFT, 알고리즘, AI, 딥 러닝, 머신 러닝, 가상 화폐 등 일일이 나열하기도 만만치 않다. 단어들조차 생소하고 어렵지만 공부하고 배워야 할 것들이다. 모르면 공부할 게 없고, 공부하려면 할 게 너무나도 많은 세상이다. '너무 늦은 건 아닐까?'라는 창의적인 좌절을 할 수도 있다. 바로 행동을 해서 끼어들면 내 세상이 되는 것이고 끼어들지 못하면 다른 사람의 프레임으로 사는 것이다. 멋진 세컨드 라이프를 원한다면 시간을 내 세상으로 재창조해야 한다.

> "오십부터는 의무와 책임에서 벗어나 이기적으로 살아라. 그리고 50대는 앞으로 절반을 더 잘 살기 위해 무엇인가를 선택해야 하는 나이이다. 나 중심으로 인생의 주도권을 찾으려면 반드시 오랫동안 일할 수 있는 환경을 만들어야 하고 평생 공부하는 자신을 만들어야 한다. 공부하지 않는 사

람은 한순간에 늙는다."
오츠카 히사시, 《오십부터는 이기적으로 살아도 좋다》(한스미디어, 2021)

"스무 살이든 여든 살이든 배우는 것을 멈춘 사람은 늙은이다. 계속 공부하는 사람은 젊음을 유지한다."라는 헨리 포드의 명언도 있다.

50대에 공부는 자기 계발을 할 수 있는 배움이다. 평생 대학에 다니면서 공부를 할 수도 있고, 독서로 자기 계발을 할 수 있고, 자격증 공부를 할 수 있고 각자에게 맞게 하는 것이다. 배우는 즐거움은 마음속에 지식 빌딩을 한 층씩 쌓아 가는 과정이다. 현재의 나보다 성장하는 나를 만나는 즐거움, 만족감, 똑똑한 나를 만나는 행복이 있다. 목표가 있으면 진취적인 배움이 된다. 달라지고 싶다면 다른 공부를 하고 다른 직업을 갖기 위해 배움을 해야 한다.

두 번째, 버는 것의 즐거움

백 세 인생에 75세까지는 현장에서 일해야 하는 시대가 분명히 온다. 그 증거로 일본에서는 퇴직 연령을 67세로 늘리는 것을 추진하고 있고 우리나라도 논의 대상이다. 세계에서 제일 빠른 초고령 사회가 일본이었다. 24년 만에 일본이 초고령 사회가 되었는데 우리나라는 일본보다 7년이나 더 빨리 초고령 사회가 되었다. 국제 연합(UN)은 65세 인구 비율이 7% 이상이면 고령화 사회, 14% 이상이면 고령 사회로 구분한다. 20% 이상이면 초고령 사회로 분류한다. 우리나라는 2017년 8월 말 기준으로 65세 이상 인구가 14%를 넘어서 고령 사회로 진입했다. 2025년에 한국 전체가 초고령 사회(super-aged society)가 된다고 한다. 세계 1위의 고령 국가가 되는 것이다. 이것이 우리가 75세까지 일해야 하는 증거이다. 인구 절벽으로 경제 인구가 줄어들고 초고령 사회로 부양해야 할 노인 인구는 많아지게 되었다. 앞으로는 인구 다섯 명당 한 명이 노인 인구라고 한다. 노인이라고 하지만 활동할 수 있는 체력이 되고 생산적인 일을 하고 싶은 분들이 있다. 그런 사람들에게 일거리를 주어야 한다. 일해서 '내돈내산'을 하여야 한다. 생산적인 일거리는 내가 나의 미래를 책임질 수 있다는 자부심과 자기 확신을 서게 한다. 《이시형의 신인류가 몰려온다》(특별한 서재,

2022)의 저자인 이시형 박사도 "75세가 일선에서 물러나기에 적정기라고 했다. 이때부터 생리적 노화가 시작되기 때문이다. 그 이상 할 수 있는 사람은 그리 많지 않으며 그럴 수 있다면 축복받은 인생이다."라고 말했다.

최근 장수 마을에 관한 연구가 활발하다. 그중 미국에서 실시한 장수 마을 연구가 유명하다. 세계에서 가장 장수하는 마을 다섯 군데를 선정하여 여러 요인을 분석 발표했다. 연구진들은 장수 마을을 '블루 존'이라 칭한다. 이 블루 존의 노인들은 존경받고 있는데 가장 큰 특징은 노인들이 밭에서 평생 중노동을 한다는 것이다.

정신과 의사인 칼 융도 이를 연구하기 위해 인디언 마을로 갔다. 이들은 놀고먹는 공짜 인생이 아니었다. 영화 〈인턴〉을 보면 70세의 벤(로버트 드 니로)은 젊은 쇼핑몰 CEO 줄스(앤 해서웨이)의 회사에 인턴으로 채용된다. 오랜 인생 경험과 경력, 처세술과 노하우로 줄스의 업무뿐만 아니라 개인적인 조언까지 해 주는 역할을 한다. 70세에 인턴으로 취업을 하다니 얼마나 멋진 세컨드 라이프인가? 이처럼 인정받는 시니어가 되려면 자기 계발과 평생 공부가 동반되어야 한다. 버는 즐거움을 더해 자존감 넘치는 멋진 시니어다.

나의 가치를 인정받고 있다는 자부심과 자기 확신은 수명을 늘려 주는 계기가 된다. 나를 움직여 일한 대가는 경제적인 부분보다 더 많은 정신적 성취감을 가져다준다.

세 번째, 노는 것의 즐거움

난 30대에 수영을 시작하여 15년을 했다. 수영을 하게 되면서 건강이 좋아지고 직장에서의 스트레스가 운동으로 해소되어 생활에 탄력이 붙었다. 다시 활발하게 움직일 수 있는 회복 탄력성이 생기는 것이 운동의 장점이다. 자유형으로 20바퀴 돌고 배영으로 갔다가 평형으로 돌아오고 마지막엔 접영으로 마무리하고 나면 물속에서 땀이 나는 것을 느낄 수 있다. 처음엔 물이 무서워 힘이 잔뜩 들어갔었는데 시간이 흐를수록 물속이 편안해지고 호흡이 자유로워 한 시간씩 수영해도 힘들지 않았다. 즐기는 수영을 하고 있었다. 그런데 40대에 시력이 나빠지면서 더 이상 수영을 하면 안 된다는 의사의 권고를 받아들여 어쩔 수 없이 수영을 그만해야 했다. 나는 녹내장이라, 안압이 올라가면 시신경이 파괴되어 시력이 사라지기 때문이다. 녹내장 진단을 받은 날의 기분은 이루 말할 수 없이 절망적이었다. 그러나 긍정적인 성격의 나는 빨리 받아들이고 치료에 집중하기로 했다. 수영을 못 하게 되면서 생활 리듬이 깨졌고 잠재해 있던 우울감도 다시 슬슬 올라오기 시작했고 쌓이는 스트레스는 짜증으로 나타나게 되었다. 전반적으로 삶이 즐겁지 않았다. 그때 남편의 권유로 시작한 골프는 새로운 신세계를 열어 주었다. 남편은 주말이 되면 나를 위해 라운딩을 같이 나가 주고 골프의 에티켓을 알려 주었다. 남편이 퇴직하고 주중에 다니는 골프 라운딩은 삶의 행복을 배가시켜 준다. 부부간에 취미가 같으니 대화를 자주 하게 되고 라운딩 멤버들과의 교류가 깊어지게 되어 친분이 두터워진다. 놀아야 새로운 에너지가 만들어지고 회복 탄력성이 생기게 된다. 노는 것도 용기가 필요한 것이다. 열심히 살아온 나에게 스스로 선물을 주는 의미에서 멋지게 노는 법을 즐겨야 한다.

사람들은 현실에 직면해야만 위기의식을 느끼며 준비 태세를 갖춘다. 그 이유는 자기 삶을 이끌어 가지 못하기 때문이다.

뻔한 나
찾기

왜 나를 찾으려고 하나? 지금 나와 잘 살고 있는데 나 외에 다른 나를 원하는 것인가? 상황이 어렵고 불안할수록 나를 발견하려고 한다. 나를 둘러싼 위기에 대응할 힘이 내 안에 온전히 들어 있기 때문이다. 삶이란 선택의 연속이고, 선택하는 순간 결정에 따라 이어지는 연속의 시간이다. 박종호 저자의 《코로나 시대의 편지》(풍월당, 2022)라는 책에 이런 말이 있다. "사람의 진가는 위기에 처해 있을 때 드러나는 법이다. 좋을 때는 누구나 멋지고 관대할 수 있다. 대신 시련이 닥쳤을 때 얼마나 의연한 모습을 보이는가에 따라서 그의 품격이 달라진다." 살면서 사소한 것에서부터 큰 결정의 순간이나 위기라고 생각하는 순간들이 예고 없이 닥칠 때가 있다.

  결혼하고 아이를 낳아 기르면서 부모가 되는 과정은 순탄치 않다. 무엇이든 말처럼 쉽게 뚝딱 만들어지지 않는다. 고민하고 신중하게 어떤 선택을 하느냐에 따라서 인생의 방향이 달라지기도 하고 선택에 따라 다른 인생을 살 수도 있다. 부부간의 위기가 극에 달할 때도 있고, 아이들의 문제로 절벽을 느낄 때도 있고 경제가 어려워서, 또는 직장에서 인간관계의 어려움에 부닥쳤을 때 우리는 이것을 해결하는 방법으로 여러 가지 대안을 내놓고 그중에서 신중하게 선택해야 한다. 결정해야 하는 순간에 전문가의 조언을 구하거나 주위에 여러 사람의 이견을 종합해 보기도 한다. 나 같은 경우는 책을 통해 답을 얻으려고 노력한다. 많은 사람의 의견을 듣는 것도 좋지만 내 성향상 나의 문제를 얘기할 성격이 아니기 때문이다. 책을 보는 것은 한 사람의 일생을 보는 것이다. 나는 책을 통해서 간접 경험을 하고 답을 찾아 나간다. 사람마다 위기에 처했을 때 내가 가지고 있는 각자의 성향이 그대로 나타나게 된다.
  평소에 위기 대처하는 법이나 나를 알아 가는 과정

을 통해 나의 성향을 잘 알고 있다면 당황하지 않고 내 식대로 문제 해결을 할 것이다. 있는 그대로의 나를 찾아서 나를 소중하게 생각하고 아끼며 살아야 한다. 나란 사람은 어떤 성향을 지니고 있는지 나를 탐구해서 파악하고 있으면 갈등이나 위기 때 잘 극복할 수 있다.

  나를 찾는 시작은 그렇게 출발했다. 약 60년을 나와 함께 살았는데 아직도 나를 잘 모른다고 인생을 잘못 산 것은 아니다. 나를 잘 알지는 못해도 어떤 선택을 하든지 그 이면에 나의 성향이 중요한 역할을 했기 때문이다. 나는 시시때때로 내게 필요한 책을 찾아 읽으며 결핍된 나의 마음을 채워 나간다. "오늘부터 나 찾자, 준비 땅!" 하고 숨바꼭질하듯 나를 구석구석 뒤져서 찾을 수 있는 나도 아니고 꾸준하게 나를 연구하고 나의 성향을 파악하고 진지하게 나를 들여다보는 시간이 나 찾기의 시작이다. 나의 성향은 내가 좋아하는 것, 하고 싶은 것, 잘하는 것을 되돌아보면 되고, 나를 찾는 방법은 그동안 내가 살아온 길을 되돌아보면 된다. 그동안의 삶의 흔적을 구체적으로 알 수 있는 일기나 기록 등에서 나를 찾아볼 수 있다.

일기의 장점은 내가 기억하지 못하는 나의 모습이 고스란히 담겨 있다. 어렸을 적 쓴 일기장이나 지금까지 써 온 일기장이 있다면 나를 찾아 가는 여정이 훨씬 쉬울 것이다. 일기를 보면서 내가 이런 걸 좋아했었나? 내가 이런 면이 있었나? 놀라고 새삼스러운 면을 볼 때가 있다. 그런 면에서 일기나 기록은 나를 알아 가는 상당히 중요한 자료이다. 일기는 아니지만 지금도 난 기록하는 걸 좋아한다. 직장 생활을 할 때 기록해 놓은 수첩이 10권이 넘는다. 가끔 들여다보며 반성도 하고 때늦은 후회도 한다.

지금은 일기 대신 블로그를 운영하며 내 생각을 정리하고 있다. 발행 대신 나만 보기로 해서 글을 쓰고 있다. 우리는 하루가 지나면 있었던 일의 90% 이상을 잊어버린다고 한다. 그런데 이렇게 블로그든 수첩이든 있었던 일이나 생각을 기록하면 그 당시는 몰랐던 새로운 나를 발견할 때가 있다. 기록의 좋은 점이다.

또 나를 찾는 방법의 하나는 독서다. 책은 집에 조용히 앉아서 짧은 시간에 많은 걸 경험하게 해 주고 생각하게 해 주는 도구이다. 앉아서 세계를 여행할 수도 있고, 전문가의 의견이나 생각 등을 고스란히 느낄 수 있는 중요한 인생 멘토라 생각한다. 사람들은 어떤 중요한 결정을 하기 전에 하는 행동들이 있다. 잠시 여행을 다녀오거나 머리를 자르거나 집 대청소를 하거나 정리 정돈을 하거나 등등 나만의 루틴으로 하는 의식 같은 것들이다. 나 같은 경우는 머리를 자른다. 복잡하고 해결 안 되는 일이 있으면 미장원에 가서 헤어스타일을 새롭게 하고 온다. 거울 속에 비친 내가 어색하기도 하지만 맘에 들든 안 들든 기분 전환이 되고 새로운 생각을 할 수 있다. 그리곤 책을 들고 도서관으로 가서 하루 종일 책을 찾아보기도 하고 읽어 보기도 한다.

"여행은 걸어서 하는 독서이며 독서는 앉아서 하는 여행이다."라는 말이 생각났다. 여행하면 낯선 곳에서 나를 새롭게 발견할 수 있다. 나를 아는 사람들이 없는 곳에서는 의외로 나의 용감성을 볼 수 있기 때문이다. 이것은 평소 나의 모습과 다른 것이다. 사람들은 낯선 공간에서 새로운 나를 발견하기 위해서 여행을 하는 것이다. 나의 새로운 면을 보면서 나의 문제도 알게 되고 나의 지난 상처도 과감하게 꺼내서 마주 볼 수 있는 용기가 생기는 것이다. 그리고 새로운 도전을 할 수 있는 힘이나 용기도 얻어 오곤 한다. 여행은 시간과 비용이 많이 드는 행위이지만 독서는 앉아서 하는 여행으로 번거롭지 않고 많은 시간이나 비용을 요구하지도 않는다. 책을 통한 나 찾기는 오랜 시간이 걸릴 수도 있다. 꾸준한 시간을 요구한다.

도서관에 가서 책을 읽으면서 나 외의 다른 이들의 머릿속을 들여다보면 내 생각이 상대에 대한 이해심 부족이란 걸 알게 되고 책 속에 다양한 해결 방법이 고스란히 들어 있어서 마음이 편안해진다. 늘 자기 생각이 옳다는 생각을 버려야 한다. 책엔 나보다 더 좋은 결정, 더 좋은 해결 방법을 가진 사람들이 많다. 나의 아집이나 고정 관념이 유연해져서 이해의 폭이 넓어진다.

나를 찾는 또 다른 방법은 성격 유형 검사가 있다. 학생들이 진로를 결정하는 데 도움을 주는, 학교에서 많이 하는 검사다. 바로 MBTI 검사다. MBTI로 사람을 평가할 수는 없지만 이를 잘 활용하면 상대방을 이해하거나 취미, 직업을 찾는 데 도움이 된다. 나와 공감대가 형성이 안 되는 친구를 보면 일부러 그러나 하다가도 MBTI로 약간의 이해를 할 수 있다. 이것은 나와 다르다고 해서 이건 잘못된 것이고 어느 한쪽이 좋은 것이라 말할 수 있는 것이 아니다.

  이 외에도 에니어그램, 디스크, 홀랜드 등 다양한 검사들이 있다.

  나를 알고 살아간다는 것은 인생을 더욱 풍부하고 깊이 있고 가치 있게 살아가는 것이다. 나를 알면 인간관계에서 서운하거나 소소한 갈등을 이겨 내어 스트레스를 덜 받을 수 있고 위기나 선택의 갈림길에 섰을 때 당황하지 않고 내게 맞는 선택을 하고 내게 맞는 방향으로 인생을 결정할 수 있다. 이것이 내가 나를 찾는 방법이다. 책을 좋아하는 이유이기도 하고 책 속에서 정답을 찾아 가는 것이 행복하다.

나답게
살아가기

  인생은 정해진 답이 없다. 나의 길은 내가 만들어 가야 한다. 누가 걸어간 길이 아닌, 내 길을 내가 만들면서 가는 길이기에 뭐든 처음이고 어설프고 자신감 없지만 그래도 길을 만들고 가야 하는 것이다. 다 같이 가지만 각자 헤쳐 나가야 하는 길은 다르다. 누구는 쉬운 길을 갈 때도 있고 또 아주 힘든 고난의 길을 가야 할 때도 있다. 매일매일 탄탄대로가 나를 기다려 주지도 않는다. 눈 뜨면 넘어야 할 산이 몇 개씩 기다리고 있을 때도 있지만 나는 길을 가야 한다. 태풍이 몰려와 휩쓸려 넘어질 때도 있고, 맑고 밝은 햇빛이 영원할 것 같이 행복과 기쁨을 주는 날도 있다. 흐리면 흐린 대로, 비 오면 비를 맞고, 눈 오면 눈을 맞고 그 너머의 세상을 향해 앞이 잘 보이지 않아도 한 발짝씩 나아가야 하는 게 인생이다.

인생의 고비마다 최선을 다해 살아왔는데 50대에 들어서 '나는 누구인가?'라는 질문이 자주 떠오른다. 나를 데리고 잘 살아왔건만 내가 나를 모른다. 길을 잃은 듯한 당혹감이 밀려오는 50대이다. 무엇에 이끌리듯 인생을 채점하고 또 선택하는 위치에 서 있다. 어색하고 낯선 타인처럼 나를 바라보고 있다. 나다운 삶의 방향을 어떻게 정할까? 인생의 숙제를 잘 풀어 왔다고 생각했는데 또 다른 숙제가 나를 기다리고 있다.

최명화 저자의 《나답게 일한다는 것》(인플루엔셜, 2022)에서는 "마음속에 가지고 있는 남에게 잘 보이려고 하는 것을 버려야 한다. 그것은 어쩌면 욕심이고 집착이다. 여러 관계에서는 나를 볼 수 있는 시간이 적다. 늘 나보다 남을 더 많이 바라보고 그들에게 잘 보이려는 삶을 살았다. 가지고 싶은 마음을 내려놓고 없어도 되는 것으로 생각하면 마음이 편안해진다. 마음을 비우면 그제야 나다운 말을 할 수도 있고 나의 의견을 자유롭게 할 수 있다. 늘 남을 의식하고 좋은 평가를 받고 싶고 남보다 뛰어나다는 것을 증명하기 위해 달려온 시간. 인정 욕구, 관계 욕구, 성취 욕구 등으로 나의 내면보단 나의 외부 환경에만 집중했기에 나를 정확히 파악을 못 한다."라고 했다.

과거에 얽매여 현재의 자신을 제대로 살아 내지 못하는 사람이 생각보다 많은 것이다. 과거에 저질렀던 사소한 실수를 마치 인생 전체의 실패쯤으로 오해해서 앞으로 나아가질 못하는 사람들도 많다. 하지만 누군가의 말처럼 "어떤 실패든 그것은 하느님이 내 삶을 위해 마련한 계획이 다른 옷을 입고 다가오는 것"일 수도 있다. 실패로 얼룩진 과거일지라도 내가 어떻게 마음먹느냐에 따라 성공의 밑거름이 된다. 그런 경우, 과거는 분명 미래의 자신이다. 정답이 없는 길에서 어떤 것이 정답인지는 몰라도 꾸준히 최선을 다해 가다 보면 정답이 보인다.

주언규, 신영준의 《인생은 실전이다》(상상스퀘어, 2021)에서도 "인생은 뻔한 이야기를 꾸준하게 실천하는 사람이 성공한다. 그게 인생이다."라고 했다. 이젠 타인의 평가에 연연하지 말아야 한다. 그들에게 잘 보이려고 하는 것이 아닌 내가 알아야 할 것과 말해야 하는 것 내가 할 수 있는 것에만 집중하여 꾸준히 하면 외부 문제도 해결할 수 있다.

  반추해 보면 내가 중심이 아니라 타인에게 보이는 삶에 익숙하게 살아 왔다. 인제 와서 나를 위한 삶을 살려니 당연히 내가 나를 모르는 상황이 생긴다. 시선을 나에게로 향하라고 하지만 그 시선이 익숙지 않다. 어려운 일이 있을 때마다 난 책 속에서 길을 찾아 왔다. 이번에도 나다움 삶을 찾는 방법으로 닥치는 대로 책을 집어 들었고 나를 알아 가는 과정의 여행을 책과 함께한다. 내 생각, 나의 길은 책 속에서 찾는다. 마치 사막에서 금가루를 발견하듯 오랜 시간이 걸리고 아날로그적인 방법이지만 한 페이지의 종이를 넘길 때마다 살짝살짝 나의 모습이 보이는 기쁨을 누린다.

  유영만, 박용후의 《언어를 디자인하라》(썸앤파커스, 2022)에서는 이렇게 말한다. "내가 누구인지 알아보는 방법은 내가 어떤 언어를 사용하는지를 보면 된다. 내 인생이 어디로 가고 있는지 알고 싶다면 내가 사용하는 언어의 수준을 보면 된다. 자기 언어를 가질 때 비로소 자기 세계가 열린다. 다른 사람의 언어를 빌려 쓰면 내 생각도 타자의 생각에 종속되거나 기생한다. 결국 나다움이란 나의 체험을 내 생각으로 해석하고 나의 언어로 번역하는 과정에서 나온다."

나를 증명하려 들지 말고 표현하자. 자존심은 외부적으로 나를 증명하는 것과 관련이 깊고 자존감은 나를 표현하고자 하는 것과 관련이 깊다. 자존심의 기저에는 "내가 모든 걸 안다."라거나 "내가 옳다."라는 생각이 존재한다면, 자존감의 기저에는 "내가 아는 만큼만 안다."라는 생각이 존재한다. 자존감이 강할수록 누구에게나 배울 수 있는 열린 마음을 갖게 된다. 주변 사람에게 잘 보이려고 하지 말고 내가 할 수 있는 일을 꾸준히 잘하면 된다. 상황이 어렵고 일이 꼬일수록 정답은 내 안에서 찾아야 한다. 타인에게로 향하던 시선을 내부로 돌려야만 문제 해결의 실마리가 보인다. 나의 내면, 내가 할 수 있는 일에 집중하고 내 방식대로 표현해야 한다. 나만의 언어로 나를 표현하는 연습을 하자.

양창순의 《나는 까칠하게 살기로 했다》(다산북스, 2022)에는 이런 말이 나온다. "인생이란 분명 자신의 의지와 상관없이 시작되는 것이지만 또한 반드시 자신의 의지로 살아가야 하는 것이다. 그런 의미에서 인생의 과제는 '아는 것'이다. 그리고 그 아는 것의 가장 첫 번째 과제는 바로 나에 대해 아는 일이다. 왜냐하면 나는 나의 눈을 통해, 나의 귀를 통해, 내 생각을 통해 세상을 알아 가고 나의 언어와 행동을 통해 세상과 소통하기 때문이다. 그런 의미에서 내가 곧 세상이기도 하다. 따라서 세상을 안다는 것은 바로 나를 아는 것이다. 나를 아는 것은 세상을 아는 것이다. 자기를 아는 것이 힘이 되는 이유는 바로 자기가 세상을 살아가는 힘이 되기도 하고 세상 그 자체이기도 하기 때문이다. 자신을 알아야만 우린 운명을, 그리고 인생을 이길 수 있다."

나를 알아야 나다운 삶의 길이 정해지는 것이다.

멋진 시니어 강사로
시작하기

《총, 균, 쇠》의 저자인 재러드 다이아몬드는 1937년 생인 작가로 60대 이후에 배워서 8개 국어를 할 줄 안다. 살아 있는 것들을 느끼기 위해 공부한다고 했다. 〈탑건〉의 톰 크루즈도 한국 나이 61세에 다수의 비행기 면허를 땄다. 톰 크루즈의 어렸을 적 꿈이 영화배우와 비행기 조종사였다. 영화 한 편에 자신의 꿈과 철학, 의지가 묻어 나오는 건 수년간 본인의 커리어와 꿈을 위해 공부하며 노력했기에 가능한 것이다. 공부가 나를 만들어 준다. 세상에서 제일 멋진 직업은 '평생 학생'이다.

작년 6월경 우연히 알게 된 MKYU 대학에 입학하여 열정 대학생이 되었고 평생 학생의 마음으로 공부하자고 결심했다. 공부는 내 안에 깊이 존재한다. 내 자존감을 붙들고 일어설 힘을 만들어 주고, 내가 살아가는 이유와 앞으로 해야 할 일을 알려 준다. 공부해서 나를 증명하면 자존감이 살아날 거라 믿고 열정 대학생이 된 이후 많은 것에 변화가 있었다. 강의를 들으며 나태하고 무기력했던 잠자는 나의 자존감의 세포들을 하나씩 깨워 움직이게 하였다.

허전했던 빈 구석들을 하나씩 채워 나가는 기쁨은 매일 영양제를 먹어 나를 건강하게 만드는 기분이다. 흔들리지 않는 단단한 마음을 만들어 가고 있다. 나의 마음에 지식이라는 영양분이 골고루 퍼져 잠자던 세포들이 일어나 움직일 수 있는 활력을 주고 있다.

늦은 나이의 공부는 내 맘속에 비교가 확 들어올 때가 있다. 그럴 때 비교하지 말고 비교 판을 버리고 나한테만 집중해야 세상도 나한테 집중한다. 새벽 4시에 하루를 시작하는 건 자신의 자존감과 싸우는 것이다. 자존감은 아무도 도와줄 수 없고 오로지 내가 해야 한다. 가끔 내 자존감과 마음의 상태는 괜찮은지 물어보고 나의 자존감을 위로하는 시간을 가져야 한다. 그 시간이 혼자 있는 새벽 시간이다. 누가 주지 않는 시간을 내가 만들어 나에게 힘을 주는 시간으로 만들어야 한다. 자존감은 나라는 사람이고 나를 아끼고 사랑해야 한다. 자존감이 떨어졌다는 건 내가 사라졌다는 것이고 내가 나를 사랑하지 않는다는 것이다.

내가 나를 챙기면 상처받는 일이 있어도 견딜 수 있다. 자존감을 살리는 방법은 내 시간, 내 생각, 내 뜻대로 사는 용기이다. 내 생각, 내 뜻대로 살면 회복 탄력성이 생겨서 내가 힘들 때 내 안에 깊이 존재하는 자존감을 붙들고 일어설 힘이 생긴다. 그리고 살아가는 이유와 할 일을 알려 주게 된다. 내 마음을 증명하면 자존감이 살아나기 시작한다. 매일매일 나를 키워 주는 공부를 하고 나의 자존감을 잘 키워 나가야 한다.

자기 계발 강의를 들어도 바로 이해가 안 되고 돌아서면 잊어버린다. 수첩에 적어 가며 흔들리는 마음을 늦은 나이 도전하여 성공한 분들을 보며 동기 유발을 한다.

김형석 노학자는 60세 이후의 인생이 진정한 참된 인생이라고 하였다. 75세의 영화배우 윤여정 님은 데

뷔 57년 차다. 2023년 현재까지도 왕성하게 활동하고 있다. 영어 인터뷰를 하기 위해 노트에 쓰고 외우는 방법을 수없이 많이 연습했기에 멋진 인터뷰가 되었다. 미국에서 살았다고 영어를 모두 잘하는 건 아니다. 영어를 잊지 않으려고 노력한 것이다. 공부는 공평하다. 내가 노력하지 않으면 내 것이 될 수 없다. 아무리 돈이 많아도 배움은 대신해 줄 수 있지 않고 공부는 내가 직접 해야 한다.

공부가 사람을 만들어 간다. 진정 살아 있는 인생을 살고자 한다면 열심히 공부하고 배워야 한다. 지금 공부를 못 하면 지금까지 살아온 무의미한 시간을 또 40년을 보내야 한다. 나이 들어 육신이 건강하지 못할 때 누워 있어도 지겨울 것인데, 벌써부터 지레 나이 탓을 하며 살고 싶진 않았다.

평생 학생, 평생 공부로 글쓰기, 자격증 강의 등을 찾아 들으며 일과를 계획하여 책상 위에 붙여 놓고 볼펜으로 지워 가며 공부했다. 목표를 설정하고 공부하는 것을 좋아했다. 성취감은 또 다른 성취감을 불러온다.

2023년 3월부터 홈플러스에서 트로트보다 재미있

는 스마트폰 활용 강사로 일을 하게 되었다. 스마트폰 활용 강사는 대부분 전화 받기, 카톡, 문자, 사진 찍는 정도로 사용하고 있는 50~60대 시니어 세대들에게 다양한 스마트폰의 활용 방법을 알려 주어 실생활에 적용하여 편리하게 사용할 수 있도록 알려 주는 일이다. 지역별 복지관, 평생 교육원, 도서관, 주민 센터 등에서 어르신 대상 스마트폰 활용 강좌를 개설·운영하거나 소상공인 시장 진흥 공단, 여성 인력 개발 센터, 대학교 평생 교육원 등에서 중장년층 창업 지원 과정 또는 재취업 지원 과정 프로그램을 운영하기도 한다. 알고 나면 편리한 세상이 보이는데 몰라서 답답하고 불편한 생활을 하시는 분들께 꼭 필요한 수업이라고 생각한다. 디지털 튜터 자격증을 따고 협회에 가입하여 역량 교육도 받고 강의안을 만들고 강의 시연도 했다.

  새로운 분야에 도전한다는 설렘과 두려움 속에서도 용기를 내어 응시한 것이 출발의 시작이다. 아직 한 번도 수업은 하지 않았지만, 오랜만에 설렘이 느껴진다. 아이들이 처음으로 초등학교에 입학할 때와 같은 설렘이다. 미리 교안도 하나씩 준비하고 있다. 어떤 것들부터 알려 줄지 수첩에 적어 가며 좋아할지 지루해하지 않을지 걱정도 되고 기대감도 있다.

> "행복한 사람은 다른 사람을 불행하게 하지 않는다. 다른 사람들이 그들만의 자아에 충실한 삶을 산다고 해서 함부로 비난하지도 않을 것이다. 그들이 어떤 삶을 살든 존중할 줄 알기 때문이다. 나는 결코 다른 사람을 통제하려 하지 않을 것이다. 사람은 스스로 원할 때 그리고 스스로 준비가 되어 있을 때 변할 수 있기 때문이다."
> 브로니 웨어, 《내가 원하는 삶을 살았더라면》(피플트리, 2013)

이제 막 걸음마를 뗀 초보이지만 앞으로 꾸준히 노력해서 많은 사람에게 도움을 주는 멋진 스마트폰 활용 강사가 되고 싶다. 선한 영향력을 주는 강사이고 싶다. 내가 시작할 만큼의 작은 희망을 품고 출발해야 한다. 나로부터의 출발은 '나답게'가 제일 중요하기 때문이다. 나답게 나의 이유로 나의 처지로 시작해야 완성되는 것이다. 준비는 미약하지만 일단 시작해야 완벽해지는 것이다. 처음부터 100도로 끓는 물은 없다. 서서히 0도에서 시작하고 기다려야 한다.

"삶이란 자신을 찾아 가는 것이 아니라 자신을 재창조하는 과정이다."라는 영국의 소설가 조지 버나드 쇼의 말을 기억하며 나를 재창조해 가는 시니어의 삶을 시작한다.

2부

시작을 기억합니다

늦었다고 생각할 때가
가장 시작하기 좋은 때다

 차가운 회색빛 철판 같은 중환자실 문은 굳게 닫힌 채 열리지 않았다. 무서운 수문장이 지키고 있는 중환자실은 삶과 죽음의 경계가 오늘도 아슬하게 넘어가고 있다. 이제는 망부석이 된 지 오래, 열리지 않는 문만 뚫어져라 노려보고 있었다. 아들을 빼앗긴 부모의 사투였다. 벌써 두 달이라는 시간이 흘렀다 중환자실로 향하는 침대에서 민재는 걱정하지 말라며 무슨 상황인지 어리둥절해하는 우리를 안심시켰다. 그렇게 민재는 깊은 잠 속에서 하루가 지나고 이틀, 사흘, 나흘이 지나도 일어나지 않았다.

 대학교 4학년 1학기 기말고사를 마치고 친구들과 실내 물놀이를 다녀온 뒤 몸살과 장염으로 고열이 나서 병원에 갔고 응급실에서 하룻저녁을 지내고 중환자실로 올라갔다. 심각한 표정으로 뛰어다니는 의사 선생님들의 모습이 불안하였지만 열만 나고 숨이 좀 가빠졌을 뿐 너무나도 멀쩡해서 단순한 폐렴이라고만 생각했다.

염증 수치가 높아 열이 떨어지지 않고 호흡이 힘들어서 중환자실에서 당분간 치료받아야겠다는 의사 선생님의 말씀에 무슨 청천벽력인가 가슴이 철렁 내려앉았다. 중환자실에서 하룻밤을 보내고 자가 호흡이 힘들어 기도 삽관을 해야 한다는 소리에 왜 그런 말을 하는지 이해가 되지 않았다. 아니 열이 얼마나 나길래 이렇게 오랫동안 못 일어나느냐고 항변했지만 의사 선생님도 희귀한 사례라 경과를 지켜보며 최선을 다하겠다는 말만 되풀이하였다.

너무 무서웠다. 민재는 잠을 자는 것이 아니라 죽음과 삶의 문턱을 혼자서 힘겹게 넘나들었다. 믿어지지도 않았고 꿈이면 빨리 깨어나라고 소리도 지르고 울기도 하고 몸부림쳤지만, 하루에도 여러 번 위기의 순간을 넘고 우리는 숨죽이고 지켜볼 수밖에 없었다. 어느 날은 민재의 얼굴이 갑자기 생각이 나지 않아서 중환자실 문을 두드리며 아들을 보게 해 달라고 목 놓아 울고 또 울었다. 망연자실 정신을 잃을 때도 있었고 입원실에서 주사를 맞고 있다가 깨어나면 중환자 대기실로 뛰어가 혹시 민재가 깨어나 찾지는 않을까 하는 마음에 24시간 자리를 지키고 있었다. 악몽 같은 긴 시간이었다. 지옥이 있다면 바로 이런 곳이 아닐까?

점점 야위어 가는 민재의 몸에는 각종 기계와 주삿바늘이 휘감고 바늘의 흔적들이 남긴 상처로 팔과 손이 퉁퉁 벌겋게 부어서 얼음찜질하고 있었다. 애처로워 손을 만지며 얼굴을 쓰다듬었는데 미세하게 떨리는 눈썹이 우리를 알아보는 듯했다. "고마워, 고마워, 엄마야. 엄마가 옆에 있으니까 무서워하지 말고 그만 자고 얼른 일어나 집에 가자. 응?" 그 소리에 민재의 손이 움찔 반응을 보였다. 깊은 잠에서도 이렇게 우리를 알아보는 민재의 반응에 무엇이든지 스스로 해내니까 이번에도 거뜬히 털고 일어나리라 굳게 믿기 시작했다. 혈액을 돌리는 의료 기계 에크모를 달며 하루하루를 실낱같은 한 줄기 빛을 잡고 민재는 버티고 있었다.

그날도 민재는 밤에 심한 열과 높은 염증 수치로 힘든 고비를 넘기고 다시 안정을 찾았다는 의사의 말에 잠시 한숨을 돌리며 밖으로 내려오는 길이었다. 엘리베이터 벽면에 걸려 있는 액자에 '불가능이 무엇인가는 말하기 어렵다. 어제의 꿈이 오늘의 희망이 되고 내일의 현실이 되기 때문이다.'라는 문구가 눈에 번쩍 띄었다. 믿기지 않은 현실을 부정하며 원망도 하고 미워도 하며 살려 달라고 기도하며 안간힘을 쏟아 내며 버티고 있었는데 그 문구가 구세주처럼 다가왔다. 칠흑 같은 내 마음의 어둠에 불을 켜는 스위치가 되어 좌절과 두려움에서 희망이 정말로 현실이 될 거라는 믿음을 주었다. '그래. 꿈이 희망이 되고 그것이 현실이 될 수 있어. 꼭 일어날 거야. 건강한 모습으로 우리 곁으로 돌아올 거야. 믿자! 믿어!' 다시 기운을 냈다. 온 힘을 다해 끼니도 챙겨 먹으면서 깨어날 아들에게 엄마도 잘 지내고 있다는 모습을 보여 주고 싶었다. 그래야 착한 아들의 마음이 편할 테니까.

그리고 정말 기적처럼 민재는 깨어났다. 수면 치료를 한 지 90일이 지나서 깨어난 것이다. 병원에서는 이런 이례적인 일은 없었다고 한다. 기도 삽관을 하여 말은 할 수 없었지만 우리를 알아보고 손도 발도 움직였다. 얼마만의 만남인가, 목 놓아 울고 싶었지만 깨어난 민재에게 충격을 주면 안 되기 때문에 그저 손을 잡고 얼굴을 만지며 무언의 이야기를 나누었다.

'얼마나 힘이 들었어? 장하다, 정말 장해.'

'엄마 보고 싶었어요.'

'나도 보고 싶었어.'

눈물이 그렁그렁한 눈은 말하지 않아도 그 마음을 알 수가 있었다. 너무나도 야윈 얼굴, 그래도 이렇게 깨어나서 우리 곁으로 돌아온 민재가 대견하고 기특하며 고마웠다.

새벽에 민재의 안부가 궁금하여 중환자실에서 서성이는데 위생 관리를 하시는 여사님이 중환자실에서 나오다가 우리를 보면서 다가왔다. 아들 같은 젊은 사람이 중환자실에 의식 없이 있는 것을 보면서 안타까웠는데 깨어나서 정말 다행이라고 기뻐하시면서 새벽에 일어난 일을 이야기해 주셨다. 청소하면서 휴지통을 비우는데 민재가 고개를 숙이며 인사를 했다고 한다. 지금까지 청소하는 동안 인사를 건네는 환자는 없었는데 민재의 인사로 여사님은 기분이 좋아졌다며 건강하게 잘 회복하기를 기도해 주신다고 말했다. 90일이라는 시간이 흘러간 것도 놀랍고 몸을 움직일 수도, 손을 움직이는 것조차도 이제는 마음대로 되지 않은 몸을 알고 이 상황이 믿어지지도 않고 받아들이기도 힘들 텐데 어떻게 인사를 건넬 수 있을까? 민재의 의연한 태도에 마음속 불안, 두려움, 아픔, 슬픔을 느끼는 내가 부끄러워졌다. 어두운 마음을 내려놓게 되었다. 시간을 다시 되돌려 입원하기 전으로 돌아간다면 얼마나 좋을까? 그러나 그건 일어날 수 없는 일이다. 지금, 이 현실을 살아가야 한다. 민재는 죽음과 공포, 두려움, 삶의 경계인 중환자실에서 90일 전 건강한 대학생이 아니라 지금의 자신을 받아들이고 있는 중이었다.

다시 잼잼부터
배워야 했다

 민재가 깨어난 것에 감사하며 기도를 드렸다. 매일 아침에 눈을 뜨고 하루를 맞이한다는 것이 늘 당연하다고 생각했는데 이제는 주어진 하루가 당연한 것이 아니고 얼마나 소중하고 귀한 것인지를 알게 되었다.

 민재는 어린아이로 다시 태어났다. 병원에 100일 정도 있으면서 건강한 남자의 몸무게가 40kg도 안 되고 손가락, 발가락 움직이는 것조차도 마음대로 되지 않았고 앞으로 눕고, 옆으로 눕는 것 모두 누군가의 도움을 받아야 했다. 기도 삽관으로 말을 할 수 없어서 작은 마커 칠판으로 의사소통하였다.
 손을 움직이는 근육이 약해져 손 운동 하는 기구로

갓난아기가 잼잼부터 시작하는 것처럼 공을 잡는 연습부터 시작하였다. 공을 잡으면 자꾸 바닥으로 떨어졌다. 손가락 근육이 잘 움직이지 않고 힘이 없어서였다. 다시 공을 잡고 연습하다 떨어지고 또 공을 잡고 연습하다 떨어지고를 반복하며 연습하였다. 얼마 뒤 추석이 되어 '추석'이라는 서툰 글씨로 마음을 담아 식구들, 친구들에게 감사의 마음을 전했다. 처음에 연필을 잡고 글씨를 쓴다고 낙서하던 어린 민재의 모습이 겹치면서 그때의 기쁨이 지금의 감동을 더해 주었다.

그런데 신은 우리에게 가혹했다. 민재가 앞으로 자가 호흡 하면서 일상생활을 하기가 어렵다는 의사의 진단이 내려졌다. 이미 폐 섬유화가 진행이 되어서 자가 호흡이 어려워 병원에서 산소통으로 살아가야 한다는 것이다. 처음 듣는 폐 섬유화가 무슨 말인지 몰랐다.

또 하늘이 무너져 내렸다. "어떻게 그럴 수가 있어요? 지병이 있었던 것도 아니고 건강했는데 자가 호흡이 어렵다니. 아니지요? 다시 아니라고 말씀 좀 해 주세요?"라고 의사 선생님을 부여잡고 통곡했다. 상상도 못 했는데 이렇게 가혹할 수가 있을까? 내가 무엇을 잘못했는데, 잘못한 것이 있다면 나에게 벌을 내리지, 왜 아들에게 이런 일이 일어났는지 하느님, 부처님이 원망스럽고 세상이 원망스러웠다.

얼마나 시간이 지났을까. 의사 선생님께 다시 물었다. "의사로서가 아니라 부모의 입장이 되어서 말씀해 주세요. 엄마라면 아들을 살리기 위해 어떻게 하시겠어요?"

"부모의 입장으로 말씀드립니다. 지금 상황보다 더 나빠질 수도 있습니다. 그렇지만 젊은데 이렇게 병원에서 살 수는 없지 않습니까? 이식받아서 새로운 인생을 살도록 할 것입니다. 그 길이 최선입니다. 물론 시간도 걸릴 것이고 위험 부담도 있습니다. 그래도 저는 그 방법을 선택할 것입니다."

이 말을 해 주신 분은 민재가 병원에 온 이후부터 지금까지 치료를 해 주신 전담 교수로, 위험한 순간이 올 때마다 밤낮을 가리지 않고 최선을 다해 돌봐 주셨다. 누구보다도 민재가 일어나기를 바라는 사람 중의 한 사람이었다. "제가 수술할 수 있도록 최선을 다해 몸을 만들어 드리겠습니다. 60kg은 되어야지 수술을 할 수 있고 이겨 낼 수 있습니다. 우선 몸을 만들어야 합니다. 수술할 수 있는 병원을 알아보시고 환자 등록을 하셔야 합니다. 제가 도와드리겠습니다. 새 삶을 살 수 있도록 우리가 할 수 있는 일을 최선을 다해 보아요." 의사 선생님의 말은 단호했고 간절했다.

"무슨 일이든 너무 끝의 끝까지 뚫어지게 보지 마. 그러다 보면 시간이 멈춘 것 같고 어디서 무엇이 잘못된 건지 자꾸 뒤돌아보게 되거든!" 스카치 캔디 할머니의 말이 생각이 났다. 민재의 건강하던 모습에서 나는 자꾸 허우적거리고 있었다. 병원에서 죽음과 싸우고 있는 아들의 미래 또한 너무 무서워서 이렇게 주저앉아 울고 있었다. 의사 선생님의 말씀을 듣고 정신이 번쩍 들었다. '하나만 생각하자. 아들의 건강을 되찾는 일에 집중하자.' 지난날들의 미련과 후회, 그리고 어리석은 집착을 씻어 내듯 화장실에서 차가운 물로 세수를 하였다. 교수는 민재에게 숨김없이 지금의 상황을 정확하게 알려 주고 앞으로의 진행 방법을 이야기해 주었다. 가만히 듣던 민재는 열심히 재활 운동을 하고 몸무게도 늘리겠다고 약속하였다. 그 모습이 더 아프고 저렸다. 말없이 잡은 손을 다잡으며 함께 굳은 결심을 하였다.

다시 일터로 향했다. 긴 병원 생활이 이어질 것이고 엄청난 병원비와 생활비를 벌어야 했다. 각자 제 일을 하면서 출근 전, 퇴근 후 민재를 보러 병원에 갔다. 수술을 할 수 있는 몸을 만들기 위해서 병원 밥을 먹지 않고 집에서 고단백 식사를 준비해서 가지고 갔다. 중환자실 출입 또한 우리에게는 예외로 자유롭게 출입할 수 있게 해 주었고 간호사, 의사 선생님들도 민재가 수술받을 수 있도록 모든 노력을 동원하셨다. 직장에서도 나의 사정을 알고 출퇴근 시간을 조정해 주어서 병원과 직장, 집을 매일 두 번씩 왕복하였다.

민재도 재활하면서 가지고 간 음식을 맛있게 먹었다. 그러나 알고 보니 정성과 노력, 그리고 몸무게를 늘리기 위해 소화도 되지 않은 상황에서도 도시락을 먹고 우리가 집에 가고 나면 토하였다는 이야기를 나중에 듣게 되었다. 수면 상태에서 위험한 고비를 여러 번 넘겼을 때 의사 선생님이 "의지가 대단해요. 너무 잘 버티고 있어요. 저렇게 힘을 내고 있는데 끝까지 잘 이겨 낼 거예요. 그러니까 부모님도 기운 내세요."라고 걱정하는 우리에게 이야기했었다. 운동을 좋아해서 날아다녔는데 몸을 움직이는 것, 일어나는 것조차 내 마음대로 안 되니 얼마나 답답하고 힘들까? 그러나 민재는 누구보다도 의지가 강했고 상황을 정확하게 알고 있어서 자신이 할 수 있는 최신의 노력을 기울였다. 민재의 태도와 끈기 그리고 항상 감사의 인사를 잊지 않은 모습이 병원 사람들과 우리에게 감동을 주었다.

 마침내 전원할 병원이 결정되고 전원하는 날이 되었다. 간호사, 의사 선생님이 기적처럼 깨어났기 때문에 수술도 잘 받고 다시 건강한 모습으로 만나자고 뜨거운 배웅을 해 주었다. 주치의 교수는 이송하는 구급차에 함께 탑승하여 민재를 보호해 주고 전원하는 병원 중환자실로 안전하게 들어가는 것까지 확인하셨다. 수술 잘 받아서 건강한 모습으로 꼭 찾아오라고 격려와 응원을 보내 주셨다. 민재는 그렇게 전원하는 병원에서 새로운 출발을 하였다.

아름다운 마지막과
감사의 시작

 새로운 병원에서의 생활은 민재도 우리도 적응하는 데 시간이 걸렸다. 중환자실에서의 치료 기간이 끝나고 일반 병실로 옮겼다. 병실로 옮기면 24시간 보호자가 있어야 하는데 병원비 때문에 직장을 그만둘 수도 없어서 간병인을 구해야 했다. 그런데 민재는 위중증 환자라 간병인을 구하기가 어려웠다. 모든 것을 다 돌봐 주어야 했기 때문에 간병비도 비쌌다. 하지만 민재만 잘 돌봐 준다면 아깝지 않았다. 몇 번의 간병인이 바뀌고 진심으로 보살펴 주시는 분을 만났다. 온 마음을 다해 간호를 해 주고 주말에 집에 가시면 우리가 병실에서 아들과 지냈다.

 이식 환자로 등록하였으나 수술할 수 있는 여건은

되지 않았다. 체력을 길러야 하는데 몸무게가 마음처럼 늘지 않았고 재활 운동도 열심히 하는데 다리 근력의 힘은 약했다. 폐 섬유화가 진행하고 있어 다른 장기들까지 영향을 받아 악순환을 겪으면서 기다리는 시간은 해 질 녘 등허리가 휘어진 고목의 어두운 그림자처럼 길고도 길었다. 서로 내색하지 않았지만 속으로 아픔을 감내하는 민재와 노심초사 지켜볼 수밖에 없는 우리는 입 밖으로 말하면 와르르 무너질 것 같아 민재의 다리를 주물러 주고 몸을 닦아 주면서 괜한 수다로 분위기를 바꾸곤 했다. 그렇게 수술할 수 있는 날을 손꼽아 기다리고 있었다.

집으로 오는 길에는 언제나 눈물바다였다. 민재만 병원에 혼자 두고 집에 오면 4인용 식탁에 세 식구만 있으니 작은 식탁도 거대하게 느껴지고 빈자리가 커다란 웅덩이가 되어 눈물로 가득 채워져 흘러넘쳤다. 민재 방을 쓸고 닦으며 침대 정리하면서 돌아올 날을 손꼽아 기다렸다. '언제 우리 식구들이 다 모여서 지낼 수가 있을까?' 거실에 걸려 있는 가족사진 속의 행복한 모습이 언제였나 아득하게만 느껴지며 그리웠다.

매일매일의 선택은 내가 결정하는 것이라고 했다.

나는 아들이 건강해지는 미래를 선택하였고 좌절하거나 무너지지 말고 내가 할 수 있는 모든 일에 최선을 다하자 다짐하며 새벽과 저녁에 기도하면서 108배를 하였다.

여름의 끝자락으로 흐르던 어느 날, 기증자가 나와서 수술할 수 있도록 준비해서 병원으로 오라는 전화가 왔다. 전화를 끊는 순간 심장이 뛰고 가슴이 떨려 주저앉고 말았다. 얼마나 기다렸던가, 부랴부랴 수술 준비를 하고 병원으로 달려갔다. 민재도 상기된 표정으로 우리를 기다리고 있었다. 병실로 온 전공의는 아직 대기순으로 있어서 좀 기다려야 하고 수술 일정을 잡아도 여러 가지 변수가 생겨서 취소될 수도 있다고 전하면서 다시 알려 드린다고 말하였다. 그날 밤은 내 생에 가장 긴 밤이었다. 유달리 바람에 흔들리는 유리창 소리가 고요한 적막을 깨우고 있었다.

다음 날 아침, 바로 연락이 왔다. 내일 수술할 수 있다는 것이다. 수술 일정은 일사천리로 진행이 되었다. 전공의의 수술 브리핑이 이어졌다. 수술 소요 시간은 8~9시간 예상하지만 어떤 이벤트가 생기면 더 시간이

길어질 수도 있고 중도에 포기할 수도 있다는 말을 전했다. 수술 진행 상황은 문자로 알려 줄 것이고 여러 가지 위험 부담도 뒤따른다는 말과 함께 사인하라고 서명서를 주었다. '드디어 수술하는구나! 잘되겠지! 잘 될 거야.' 두근거리는 마음이 진정이 되지 않아 의자를 꽉 부여잡았다.

  늦게 잠든 아들의 얼굴을 가만히 들여다보니 1년 반의 시간이 주마등처럼 스쳐 지나갔다. 기말고사와 졸업 작품을 마치고 기뻐하던 아들, 병원에서의 위험한 고비들, 3개월 후 눈을 뜬 날, 재활과 아픔을 참고 참으며 지낸 시간들…. 움푹 팬 얼굴과 긴 손가락이 너무나 안쓰럽고 아팠다. 그러나 잘 이겨 내고 이제 수술을 할 수 있다니 꿈만 같았다.

 '하느님! 부처님! 감사합니다. 감사합니다, 아들아! 잘 이겨 내 주어서 정말 고마워.' 모두가 잠든 밤, 병실의 창가에 가로등만이 어두운 밤하늘을 밝히며 아침이 오기를 기도하고 있었다. "엄마! 잘하고 나올게요. 옆에 의사 선생님들이 계시니까 걱정하지 마세요." 웃으면서 담담히 인사를 하며 수술실로 들어가는 아들. "엄마가 기도할게. 잘될 거야. 아들 힘내! 그리고 사랑해!"

민재에게 새 생명을 나누어 준 분을 생각하니 가슴이 먹먹해졌다. 누군가는 다시 태어나고 또 누군가는 아름다운 마지막을 남기고 떠나는 이 시간이 너무 숭고하여 가슴이 턱 막히면서 숨을 쉬는 것조차도 어려웠다. 떠나시는 분의 고귀한 마음과 가족의 아픔, 슬픔을 어찌 짐작할 수 있을까? 절절한 마음이 천 갈래 만 갈래 찢어졌다. 삶이 주는 무게와 그 의미가 새롭게 다가와 더 미안하고 감사한 마음에 주체할 수 없는 눈물이 하염없이 흘러내렸다. 고인의 명복을 빌며, 아들의 수술이 잘되기를 빌며 또 빌었다.

저녁 8시가 넘어서야 수술이 완료되어 중환자실로 옮겼다는 알림이 왔다. '감사합니다. 감사합니다⋯.' 중환자실로 달려갔다. 예상 수술 시간을 넘기지 않고 끝나서 우선은 안심했다. 면회는 보호자 1명만 가능하여 신랑이 들어갔다. 민재는 아직 수면 상태이고 수술은 잘되었다는 의사 선생님의 말에 우리는 그제야 긴 안도의 숨을 내쉬었다.

민재는 수술하고 3주 후에 퇴원하여 18개월 만에 집으로 돌아왔다. 수술하고 3개월을 어떻게 관리하느냐가 제일 중요했다. 수술 후 여러 가지 후유증과 예상치 못하는 변수가 생길 수 있어서 철저한 관리와 몸의 기력을 빨리 회복해야 했다. 기도 삽관을 제거하고 재활 운동으로 걷기를 시작하였다. 오랜 병원 생활 후유증으로 한쪽 발의 감각이 없어서 서 있거나 걷는 것이 불편했는데도 일어나려면 꾸준히 하는 수밖에 없었다.

다른 친구들은 졸업하고 직장에 취직하며 대학원을 진학하고 자신의 길을 가고 있는데 얼마나 부럽고 속상할까. 집에 온 기쁨도 잠시 앞날을 생각하며 복잡한 심경을 토로하기도 했다. 그럼에도 불구하고 민재는 마음을 다잡고 10분에서 30분, 1시간 걷기, 2시간 걷기, 그리고 오르막길을 오르는 연습, 계단 오르고 내리기, 주말에는 산 둘레길 걷기를 하면서 다리의 근력을 키웠다. 그리고 천천히 달리는 연습하며 일반인으로 살아가는 힘을 채워 나갔다.

민재는 이제 어엿한 직장인이 되었다. 남은 1학기를 마치고 첫 면접에 바로 합격하여 원하는 직장을 잘 다니고 있다. 회사에 처음 출근하는 날 새로 산 양복을 입고 서 있는데 감격스러웠다. 아들이 환하게 웃으며 잘 다녀오겠다고 인사하는데 그 모습에서 빛이 났다.

'이 순간 눈으로 보는 것, 만지는 것, 항상 마음에 새겨 넣고 있는 것에 의하여 조금씩 변화하고 있다.'라는 문장처럼 마음속에 새기며 간절히 원하고 믿으면 믿는 대로 이루어졌다. 아들의 원함을 믿음으로 이겨 내서 이런 날을 맞이하게 되었다. 누구나 누리는 일이라 여겼던 순간이 이제는 감사와 축복으로 나에게 다가왔다.

나는 오늘도 기도한다

아들에게 폐를 기증해 주신 분의 숭고한 마음에 감사드리며 넋을 기리고 극락왕생하시기를 기도드리며 고인 가족의 슬픔과 아픔에 위로와 감사의 마음을 전하며 행복과 건강이 함께하기를 기도합니다. 민재가 건강하고 행복하게 자기 일을 하면서 사랑을 주고 사랑을 베풀면서 선한 사람으로 살아갈 수 있도록 힘을 주세요. 제가 더 많이 노력하며 봉사하며 감사하며 살겠습니다. 감사합니다. 간절히 기도드립니다.

글로 마음과 사랑을
선물하다

긴 겨울이 지나고 화창한 봄이 오고 있다. 유리창으로 들어오는 따스한 햇볕으로 겨울 동안 켜켜이 쌓인 묵은 먼지들이 보였다. 무겁게 걸려 있던 빗장을 풀어 창문을 활짝 열고 구석구석 대청소하였다. 소파 안쪽에 둘둘 말려 있는 수면 양말, 문고리에 걸려 있는 목도리, 옷장에 있는 두꺼운 외투 등 아직 겨울 속에 머물러 있는 물건들을 정리하면서 봄을 맞을 준비를 하였다. 하얀 운동화가 먼지와 묵은 때로 얼룩져, 너무 오래 신어서 버려야 하나 고민을 하다가 한번 빨아 보자 마음을 먹고 솔로 빡빡 문질렀다. 운동화에서 나온 묵은 때로 물은 시궁창 물처럼 변했다. 어쩜 이렇게 더러울 수가 있을까 점점 더 힘을 주면서 빨았다. 이제

제 모습을 찾아 가는 운동화를 보면서 관리를 못 한 것에 괜스레 미안해졌다. 씻고 나니 하얗게 본모습을 갖춘 운동화는 새것은 아니지만 새것처럼 변했다. 먼지를 털어 내고 걸레로 닦으면 물건들이 제 모습을 드러내며 반짝반짝 빛을 낸다.

거울이 된 남자 이야기가 있다. 무엇이든 보이는 것을 세밀하게 묘사하듯 정확하게 말하는 남자가 있었는데 누구에게나 진실만을 이야기하여 그 말에 상처받은 사람으로부터 죽임을 당한다. 그러나 남자의 죽음을 가슴 아파한 사랑의 신이 대상을 그대로 보이게 하는 거울로 만들어 주었다는 이야기이다. 거울은 어떠한 거짓도 없이 과감하게 우리를 보여 준다. 감추고 싶어도 감출 수 없게 모든 것을 정확하게, 작은 주근깨조차도 필터링 없이 보여 준다. 사랑의 신은 어쩌면 우리의 모습을 잊지 말고 정확하게 알고 있어야 한다고 거울을 만들어 준 것이 아닐까?

아들의 아픔을 통해서 그동안 모르고 지내 온 소중한 것을 알게 되고 변화가 일어났다. 살아 있는 한 우리는 누군가의 사랑과 또 내가 누군가를 사랑하면서 따스한 인간적 에너지와 삶을 살아갈 용기를 내며 오늘을 힘차게 살아가는 것이다. 죽음과 긴 고통의 터널에서 끝까지 손을 놓지 않고 잡아 준 사람들과 모르는 누군가의 사랑으로 다시 태어나는 선물을 받고 두 번째의 생을 힘차게 살아가고 있다. 세상이 우리를 버렸다는 절망에서 오히려 삶의 축복과 넘치는 사랑을 확인하는 가슴 벅찬 사실을 알게 되었다. 가장 소중한 것은 그 사랑, 존재할 수 있는 이 시간임을 알게 되면서 아침에 눈을 뜨면 하루의 선물에 감사하며 기쁘게 맞이한다. 아름다운 음악과 명상, 한 줄 독서로 마음 챙김과 작가와의 만남으로 삶의 지혜를 알게 되는 것. 가족들과의 일상들, 걸으면서 만나는 자연이 주는 힐링, 부모님의 사랑과 지지, 마음을 나누며 쉼과 여유가 되는 친구들, 열심히 일할 수 있는 직장, 따듯한 인사와 부드러운 미소를 보내는 사람들, 모두 나를 살아가게 하는 축복이고 사랑임을 이제는 알게 되었다.

그러면서 감사의 기록을 썼다. 감사의 기록은 있는 모습을 그대로 보여 주는 거울처럼 마음을 바라보게 했다. 언제나 무채색으로 있던 마음의 색깔을 글로 쓰면서 닦아 내니 청소하면 제 모습이 드러나듯이 마음의 여러 가지 형상들이 보이기 시작하였다. 웅크리고 있는 모습, 신나서 팔짝팔짝 뛰어노는 모습, 어린 나, 울고 있는 모습, 쉼 없이 뛰고 있는 모습, 다채로운 모습을 발견하게 되었다. 그냥 보기 싫어서, 마주하기 싫어서, 어쩌다 대면하면 두려움으로 외면했던 모습을 하나하나 꺼내서 먼지들을 털어 내며 살펴보니 어느새 반짝이는 보석처럼 하얗게 웃으며 빛나고 있는 것이 아닌가? 나에게도 보석이 있었다. 남에게만 반짝이는 보석이 있는 줄 알고 부러워했는데 내가 찾지 않고 무관심 속에 버려진 보석이 숨어 있었다. 애벌레 속에 나비의 날개가 숨어 있어 고치가 되지 않으면 나비가 될 수 없듯이 내 안의 보석을 알아보고 닦아 내야 한다.

병실로 찾아온 친구에게 지인들이 보내 준 사랑과 마음을 앞으로 어떻게 갚아야 할까 이야기를 했더니 친구는 "그것은 빚이 아니고 너희 가족에게 주는 선물이야. 나중에 너도 선물을 주면 되는 거야."라고 말하며 나의 등을 감싸 안아 주었다. 그 말을 듣는 순간 나는 친구의 품에서 엉엉 울었다. 그동안 받은 많은 사랑과 마음이 한없이 고마웠지만, 한편으로 무거운 빚이라는 생각을 하고 있있다. 그것이 빚이 아니고 사랑의 선물임을 알게 해 준 친구의 한마디가 돌덩이 같던 마음과 아픔에서 자유롭고 기쁘게 작별하게 해 주었다. 모두 사람은 이 세상에 선물로 온 것이다. 부모님의 사랑하는 딸로, 친구로, 아내로, 엄마로, 누군가의 지인으로 내가 선물인 것이다. 나 또한 부모님, 남편, 자식, 친구, 지인들이 나의 소중한 선물이다. 나는 글을 쓰면서 주어진 삶이 내게 주는 소중한 의미와 선물임을 감사하며 나도 누군가에게 사랑의 선물을 전하는 사람이 되는 길을 찾아 가고 있다.

여느 때처럼 주말이면 집으로 오는 아들에게 맛난 집밥을 해 주기 위해 냉장고를 털어 가며 요리하고 그런 나를 아들에게만 해 준다고 눈을 흘기는 남편, '아들 바보'라 생각하며 웃어넘기는 딸의 통 큰 마음, 시끌벅적 하루의 일상을 그려 간다. 그 소소함이 행복하다. 밋밋하고 단순한 일상이 감사하다. 때론 안개 낀 날처럼 가슴이 답답한 날도 있고, 부는 바람에 휘청이며 흔들리기도 하고 조용히 고독을 느낄 때도 있고 번개가 치듯 화가 날 때도 있다. 그러나 인생은 날씨와 비슷하여 비가 오고 나면 언젠가는 날이 개는 것처럼 그 또한 지나가는 것을 알기에 이제는 그 안에서 나를 찾아보며 기다려 준다. 이겨 내려 온 힘을 내기보다는 마주하며 이해하려고 마음의 소리에 귀 기울이며 글로 만난다.

얼룩진 운동화를 빨면 다시 새로운 운동화가 되듯이 마음을 글로 닦아 내며 세상을 닦아 낸다. 닦아 낸 세상은 무지개색으로 물들어 가고 있다.

끝?
시작!

 시작이 반이라고 하지만, 시작이 끝인 경우도 종종 있다. 헬스장 가는 길 중에는 안방에서 현관까지가 가장 멀고 긴 구간이라고 한다. 현관까지 가서 운동화만 신으면 헬스장은 자동으로 갈 것이고, 헬스장에 도착만 하면 운동은 어찌 되었건 하고야 만다. 나에게 글쓰기도 마찬가지다. 수많은 장애를 넘어 컴퓨터 앞으로 가는 그 길이 가장 멀고 긴 길이다. 일단 컴퓨터 앞에 앉고 전원을 켜는 순간 절반은 왔지만, 또 하나의 산을 넘어야 한다. 유튜브라는 재미있는 세계를 클릭하는 순간 글쓰기는 순간적으로 사라진다.

 내가 글쓰기에 싹수를 발견한 것은 초등학교 시절로

거슬러 올라간다. 전국 어린이 글쓰기 대회에서 최우수 작품으로 뽑혀, 월요일 조회 시간에 전교생 앞에서 상을 받은 것이다. 그 후 매월 발간하던 학교 신문에 '만우절'이나 '여름 방학' 등을 주제로 쓴 글들이 심심찮게 실렸다.

여고 시절에 어버이날 기념 글짓기 대회에서 최우수 상을 타면서 또 한 번 단상에서 상을 받은 기억 때문에, 살아오는 내내 '쓰는 사람'으로 살기 위한 꿈이 싹텄다. 하지만 미칠 듯한 재능이 있는 것은 아니라는 메타인지로 인해 '쓰는 사람'보다는 '읽는 사람'으로 살아왔다. 그러면서 결혼하고 아이를 낳고, 일하는 여성으로 반평생을 살아오다 보니 나의 꿈은 빛바랜 습자지처럼 퇴색되었다. 문득문득 지독하게 '쓰는 사람'에 대한 열망으로, 깊은 심연에서 삭풍이 불고 가슴 한쪽이 헛헛한 때가 왜 없었겠는가….

이제 먼 길을 돌아 거울 앞에 선 누님 같은 나이가 되었다. 평생 몸담은 일터에서 더 이상 나를 필요치 않음을 알기에 평일의 삶을 사는 은퇴자가 되었다.

'내가 베스트셀러 작가가 되려는 게 아니잖아? 다만 나의 삶을 복기하고자 함이야.'

'네 삶이 누군가에게 드러내 놓아도 좋을 만큼 의미 있는 것은 아니잖니? 오히려 굳이 세상에 내놓지 않아도 될 이야기가 너무 많지 않아?'

  마음속 꼬마와 어른인 내가 계속 다툰다. 결국 조회대에서 상을 받던 꼬마의 승리이다. 난 쓰기로 했다.

  매일 아침 출근해서 책상에 앉으면 만사를 제치고 글을 1편씩 썼다. 무슨 일이든 3개월은 해 봐야지 작은 변화가 시작된다고 믿었기에 일단 100편을 써 보기로 한다. 습작이라는 폴더에 하나둘 나의 이야기가 먼지처럼 쌓였다. 유년 시절의 기억 한 조각, 단발머리가 노랗던 여고 시절의 추억 한 스푼, 치열했던 청춘과 함께 화인처럼 남아 있는 첫사랑의 상흔, 지금 내 손녀의 나이쯤인 딸과의 해후까지.

  이상한 일이었다. 요즘 나에게 일어나는 소소한 이야기보다 오랜 시간 잊고 지났던 나의 과거와 만나는 일이 많아졌다. 기억 저편의 나를 길어 올리고 전설 같은 옛이야기를 소환하면서 내 속의 아이와 내 속의 청춘과 내 속의 상처를 어루만지는 작업이 이어졌.

  100편이라는 결코 짧지 않은 레이스를 하는 동안은

매일 나와의 싸움이었다. '오늘 반찬 뭐 먹지?'를 능가하는 '오늘 글감 뭐로 쓰지?'로 고민하는 하루하루였다. 초기의 글을 보면 일단 내용은 차치하고라도 다섯 줄에서 끝난 글도 있다. 내용은 더 말할 것도 없이 두 번 다시 읽기 싫어진다. 마치 밤새워 절절하게 쓴 러브 레터가 아침 해를 맞이하면서 감성은 휘발하고 부끄러움만 남듯이…. 하지만 그런 아픈 손가락이 있었기에 지금의 제법 그럴듯한 아이도 탄생한 것이리라.

'쓰는 사람'으로 살면서 나의 눈은 깊어졌고 나의 발은 낮아졌으며 나의 마음은 뭉클함으로 채워졌다. 필력도 살아 숨 쉬는 생물체이기에 나의 필력도 많이 자랐음을 느낀다. 쓰고 지우고를 반복하며 얇아진 종이 위에 선명하게 투영된 내 영혼의 민낯이기에 더 애틋하다. 한 번만 더 지우면 닳아서 구멍이 뚫릴 종이 위에서 간신히 건져 올린 삶의 편린들이기에 가슴 시리도록 애달프다.

드라마 〈시크릿 가든〉에서 현빈의 프랑스 장인이 한 땀 한 땀 지은 체육복처럼, 대부분 나의 승리로 끝났기에 100이라는 숫자를 마주할 수 있었다. 나 자신을 쓰다듬고 쓰다듬는다.

"잘했어! 난 네가 해낼 줄 알았어. 난 네가 자랑스러워!"

이제 끝? 아니다. 시작이다.

쓰는 사람으로 살기로 결심한 순간 나의 레이스에 종착역은 없다. 쓰는 사람이 되면서 가장 크게 달라진 것은 자존감이 높아졌다는 것이다. 아무도 알아주지 않아도, 괜히 나의 콧대가 스스로 높아졌다. 더 깊이 사유하고, 더 넓게 확장되어 가는 정신세계는 나를 가치 있는 사람으로 만들어 준다. 모든 사물에 생명을 불어넣고, 모든 현상에 의미를 부여하니 글을 쓸 땔감이 풍부해진다. 나도 몰랐던 내 안의 나를 발견한 귀한 시간이었다. 이 정도면 '자뻑' 수준이고 샴페인을 너무 일찍 터뜨리는 감이 있지만 오늘만은 내가 일군 작은 열매의 달콤함에 흠뻑 취해 보련다. 아직도 너무 많이 부족함을 안다는 뻔한 말은 하지 않겠다.

100일이라는 방점을 찍으면서 끝이 아니라 또 다른 시작임을 알기에 묵묵히 앞으로 나아갈 수밖에는 답이 없다. 느슨한 연대, 따스한 결의, 행동하는 지성의 삼박자가 빚은 작은 업적을 자축하며 100편 완주의 기뽐을 일갈한다.

나의 쓰기 작업은 뫼비우스의 띠이다.

브라보
마이 서울 라이프!

 나의 서울살이 열망은 아주 뿌리가 깊다. 지금으로부터 40여 년 전, 꽃다운 18세 여고 시절로 거슬러 올라간다. 나는 지방의 소도시에서 태어났다. 교통의 요지라고 하지만 지역 발전이 너무나 더뎌서 지금 가도 별로 달라진 것이 없을 정도이다. 물론 유년의 추억이 없는 것은 아니다. 하지만 난 서울에 대한 막연한 동경으로 이 도시를 탈출할 수 있는 방법을 늘 곰곰이 생각했다. 방법은 하나, 대학을 서울로 가는 것이었다. 요즘 말하는 'IN SEOUL'! 나름 열심히 공부했지만, 실력은 늘 간당간당했다. 학급에서는 상위권이었고 그래서 지방 대학 가기는 큰 무리가 없었지만, 서울의 높은 문턱을 넘기에는 애매한 실력이었다.

드디어 예비고사—이 부분에 이르니 나의 연식이 드러나는구나—를 치르는 결전의 날이다. 그 당시에는 대형 버스를 대절해서 대구로 나가서 예비고사를 봤다. 난 지독한 멀미쟁이었다. 약 1시간 30분 달려가는 대절 버스에서 난 이미 컨디션이 꽝이었다. 여관에서 단체 숙박을 했는데 시험에 대한 긴장감과 함께 나의 몸 상태는 더욱더 바닥을 기고 있었다.

　운명의 그날은 지금도 생생히 기억난다. 엎친 데 덮친다고 완전히 흐린 날씨 때문에 나의 멀미는 극에 달했다. 시험을 볼 수 있을까 할 정도로 나의 상태는 최악이었다. 식은땀을 흘리며 창백한 얼굴로 첫 시간 시험지를 받아 들 때는 이미 책상에 엎드려서 겨우 문제를 풀었다. 불행 중 다행인 것은 내가 자신 있는 국어, 한문 시험이어서 간신히 답안지를 메울 수 있었다. 문제는 둘째 시간인 수학 시간이다. 자신 없는 과목인 데다 메슥거림과 식은땀으로 줄줄 흐르며 몸의 상태가 최저로 치달았다. 문제를 풀어서 답을 찾는 것이 아니라 답을 문제에 대입하여 정답을 찾았다. 그다음 시간부터는 찍기 신공을 발휘하여 겨우겨우 마지막 시간을 맞이했다. 핑계 같지만 사실이고, 진짜 억울했다. 3년간 공부한 것을 심판받는 날 하필이면…. 이래서 실력만 있는 것이 아니라 과거운도 있어야 한다고 했나 보다.

'아, 대학이고 뭐고 다 때려치우고, 나 좋다는 ○○에게 시집이나 가야겠다.' 시험장을 나오면서 속으로 중얼거렸다. 그 와중에도 이런 생각이 들다니 나도 참 못 말린다. 시간이 흘러 결과지를 받고 만족할 만한 점수는 아니지만, 원서를 들이밀 정도는 나왔다. 다행히 그 애랑 결혼은 하지 않아도 될 만큼의 성적이 나온 것이다. 하지만 그때부터 나의 고민은 또 시작되었다. 나의 꿈인 서울대, 엄밀히 말하면 서울에 있는 대학이다. 거기에 원서를 넣자니 만약 떨어지면 재수는 절대로 안 된다는 부모님 말씀에 덜컥 겁이 났다.

하지만 나의 열망을 이대로 접을 순 없지 않은가. 서울의 모 대학에 특차로 일단 원서를 접수하고 안전망으로 대구에 있는 교육 대학교에도 원서를 넣었다. 아버지 사업이 기울면서 선택의 폭은 좁아졌다. 또 하나의 거대한 산이 버티고 있었다. 하필이면 두 대학의 면접일이 같은 날짜였다. 면접일 전날 밤에 동전 점도 쳐 보고 뒷집의 할머니에게도 물어보고, '서울이냐? 대구냐!'를 놓고 하얗게 지새웠다. 마치 햄릿에 버금가는 난제였다. 어김없이 아침은 오고야 말았고, 새가슴인 나와 나보다 더 퀭하신 눈으로 맞이한 어머니의 얼굴을 뵈니 '그래, 대구로 가는 거야. 엄마 고생시킬 순 없어.'라는 생각이 들었다. 그 당시 2년제인 교대를 졸업하고 빨리 돈을 벌어서 부모님의 어깨를 조금이라도 가볍게 해 드려야지 하는 기특한 생각이 들었다. 모범생 효녀 코스프레 정신이 발동한 것이다.

애를 쓰며 자위해 보면 교대는 점수를 한참 앞세우고 합격했다. 또 하나 더 위안 삼자면 같은 대학 같은 과로 같이 원서를 쓴 친구 2명은 모두 낙방했다. 이로써 나의 '인 서울'의 꿈은 산산이 부서지고 반평생을 수도권 신도시에서 생업에 종사하며 살았다.

그렇게 세월은 흘러 결혼하고 아이 낳아 키우고 손주를 보며 내 나이 환갑을 맞이했다. 오랜 기간 몸담았던 직장에서도 퇴직하였다. 이제 더 이상 나의 일로 인한 주거지에 제약받지 않게 되었다. 그러자 까마득히 잊고 살았던, 엄밀하게 말하면 억지로 구겨 넣고 억눌러 온 서울 라이프에 대한 동경이 다시 슬그머니 고개를 드는 것이다.

대한민국 수도 서울, 옛것과 새로운 것이 공존하는 도시, 또한 각종 지옥에 대한 타이틀은 다 갖고 있는 불명예의 도시이다. 교통지옥, 공해 지옥, 더구나 미친 듯이 뛰어오른 집값은 어쩔? 게다가 남의 편이라는 남편의 불만이 가장 큰 걸림돌이었다. "남들 다 공기 좋은 곳으로 나간다는데 굳이 이 나이에 서울로 가는 게 말이 돼?" 어느 정도는 맞는 말이기도 하다. 하지만 난 다르지 않나? 이제껏 공기 좋은 곳에서 살았으니 이제는 서울로 가는 것이지.

　내가 누구인가? 의지의 한국 여인! 소녀 시절부터 열망해 온 꿈이 아니던가? 이제 더 이상 지체할 시간이 없다. 코로나 시국을 살아 내며 더 조급해졌다. 한 치 앞도 알 수 없는 안개 같은 인생길에서 나중에, 다음에가 어디 있단 말인가? 여기서 더 늙으면 절대로 행동으로 옮기지 못할 것 같은 강력한 조바심이 나를 움직이게 했다.

　퇴직과 동시에 1년 동안 대구에 있는 손주를 맡아서 키우고 있던 때였다. 격주마다 집으로 올라오면 어김없이 서울 부동산 투어에 나섰다. 처음에는 마당 있는 작은 집을 찾았다. 꽃밭과 텃밭을 컬래버레이션해서 가꾸며 곱게 늙어 가는 나의 모습을 상상했다. 그런데 직접 다녀 보니 일단 집의 상태에 비해 값이 너무 비쌌고 그런 집들은 거의 골목골목에 있어서 주차가 되지 않았다.

그럼, 아파트는? 올라도 너무 올랐고 굳이 그 많은 돈을 엉덩이에 깔고 앉는 얕은 부동산 지식만 있는 나에게도 이건 아니었다. 그러다 보니 자연스레 수익형 부동산이 눈에 들어왔다. 처음 시작할 때는 전혀 리스트에도 올라 있지 않던 분야였다. 일단 유튜브에서 많은 정보를 접하고 현장에 나가 보니 괴리감도 있었다. 하지만 내가 가진 자금으로 접근이 가능했기에 점점 마음은 기울었다.

15년을 살아도 겨우 2억 정도 오른 지금의 아파트를 처분한 자금으로 큰 무리 없이 살 수 있다는 것이 큰 장점이었다. 게다가 월수입이 현찰로 들어와서 은퇴 후 생활 자금으로 활용할 수 있다는 것이 사실은 더 큰 매력이었다. 물론 소소한 문제는 늘 있을 것이고 들고 나는 세입자들 때문에 끊임없이 신경은 쓰이겠지만 남의 돈 먹기가 어디 그리 쉬운가? 그 정도의 수고도 하지 않고 이익을 얻고자 하는 것은 거의 도둑놈 심보라는 생각에 박차를 가했다. 부동산에 지대한 관심과 노하우를 가진 막내의 응원과 지지도 큰 도움이 되었다.

그렇게 수개월을 발로 뛰고 몇 차례 계약 단계까지 갔다가 엎어지는 등 시행착오를 거쳤다. 모든 것에는 인연이 있듯이 집도 나와 인연이 닿는 것이 있겠지 하는 막연한 믿음이 있기에 조급하지는 않았다.

'욜로', 우리 집의 이름이다.

내가 그놈을 처음 본 순간 일단 예쁜 외관에 홀딱 반했다. 게다가 주인 세대가 세입자들의 공간과 완전히 분리되어 있다는 점이 가장 마음에 들었다. 마당 있는 집에 대한 로망이 옥상 있는 집으로 바뀐 것이다. 그야말로 콩깍지가 씌어야 결혼도 한다지 않는가? 첫날 우리 집을 봤을 때는 어찌나 방도 크고 옥상도 넓은지 마치 운동장같이 보였다. 계약한 후에 다시 찾은 우리 집은 생각보다 좁아서 살짝 당황했다. 그만큼 우리 가족 모두가 마법에 걸린 것이다. 옥상에서 내려다본 뷰도 너무나 마음에 들었다. 무엇보다 남편과 막내가 환호성을 지를 만큼 만족해하는 것이, 욜로를 우리 집으로 하자고 마음먹은 결정타가 되었다.

계약은 일사천리로 진행되었다. 매도인이 갑자기 1억을 올리는 바람에 무산 위기도 있었지만, 워낙 싸게 —그렇게들 말하니 그렇게 믿는다— 내놓았고 세금 문제로 할 수 없이 매매한다고 인상을 쓰며 기분이 안 좋아하는 걸 보니 반대로 난 엄청나게 잘 산 기분에 도취되었다.

  '그래, 욜로에서 욜로 인생 사는 거야!'

  계약서에 도장을 찍고 계약금을 송금하는 순간에 느낀 벅찬 기분은 평생 잊을 순 없을 것이다. 기쁨도 잠시 이제 우리가 살던 아파트 처분이 문제였다. 미리 부동산에 의뢰해 놓았지만 영 입질이 없어서 조급해하던 차다. 그런데 계약을 한 그날 저녁에 바로 우리 집을 사겠다는 사람이 나타났다. 그 사람은 몇 년 전부터 우리 집을 째려보며 매입에 대한 꿈을 꾸고 있었단다. 실제로 몇 년 전에 계약 단계에서 뒤틀렸던 사람들이었다. 역시 집을 사고팔 때는 인연이 있고 임자가 따로 있나 보다. 하루에 새집과 원래 집의 계약을 동시에 하는 기적이 일어난 것이다.

  그날 어머니께 전화를 드렸더니 반가워하시며, "아이고, 내가 어제 꿈을 꿨는데 너랑 같이 새집이라고 들어가는데 집이 아주 크고 노란색으로 외국 집같이 좋아서 이 집은 참 비싸겠다고 하면서 잠에서 깼는데…."라고 하셨다. 어머니께서 묘사하시는 집과 너무나 많이 닮은 새집이기에 또 한 번 우리의 인연임을 절감했다. 또한 '내가 잘 산 것인가?' 하는 불안함을 조금이나마 씻을 수 있었다.

계약 후 6개월이라는 시간을 두고 천천히 이사 준비를 하면서 참 행복했다. 평수가 넓은 집의 짐을 모두 머리에 이고 갈 수는 없었다. 그래서 당근에서 무료 나눔과 판매를 하면서 짐을 줄여 나갔다. 그리고 지인들을 초대해서 필요한 물건들을 나누어 주며 짐 다이어트에 돌입했다. 처음에 이삿짐센터에서 받은 견적은 500만 원이었는데 한 달에 걸쳐서 짐의 살을 뺀 후 견적을 받으니 150만 원으로 줄어들었다. 다이어트 대성공이다.

드디어 서울로 이사를 왔다. 오랫동안 정들었던 동네를 떠나자니 마냥 좋지만은 않았다. 하지만 서울 입성에 대한 기대가 더 컸기에 미련 없이 떠나왔다. 드디어 서울에서의 첫날을 뜬 눈으로 보내고 맞이한 아침의 공기도 달라 보였다.

18세 꽃다운 나이에 품은 서울 라이프의 꿈을 내 나이 환갑이 되어서야 이루었다. 환갑 선물치고는 꽤 마음에 든다. 꿈은 이루어진다. 포기하지만 않는다면…. 무엇보다 혼자서 자취하던 막내와 함께 살게 된 것이 제일 좋았다. 대학 시절부터 혼자 살면서 부실했던 모든 것을 따스한 집밥과 사랑의 도시락을 싸 주며 채워 나갔다. 살다 보니 이런 날도 오는구나 싶다. 나의 주소가 서울로 바뀐 것도 참 좋다. 이것도 사대주의 사상의 가지일지는 모르지만, 서울특별시민으로 살아가는 것이 참 좋다.

이제 시작이다.
첫 번째 청춘에 꿈꾸던 모든 것을 세 번째 스물에 하나둘 이루어갈 것이다. 공연을 많이 볼 것이고, 전시회도 자주 찾을 것이다. 서울 둘레길을 필두로 둘레길 도장 깨기를 할 것이다. 서울의 명소를 하나하나 둘러보며 기록에 남겨서 서울을 찾는 사람들에게 길라잡이가 되는, 여행책도 내고 싶다. 가장 이루고 싶은 것은 아직도 진하게 남아 있는 경상도 사투리를 고쳐서 예쁜 서울말을 배우고 싶다. 하지만 이건 자신이 없다. 요즘은 고향 말이 정겹고 개성이 있다며 좋아하는 분위기지만 난 서울말에 대한 동경도 있다. 이렇게 쓰고 보니 애초에 서울에서 태어났더라면 저절로 해결되었을 문제로 평생을 갈구하고 있었다는 것이 어이없고 우습기도 하다. 이 모든 것이 뭐가 그렇게 중요하다고 나도 참 못 말리는 철부지이다. 하지만 나의 새로운 시작을 응원한다.

  브라보 마이 서울 라이프!

시작하는 아이들,
그리고 나에게

 3월 새 학년 새 학기가 시작되는 첫날, 첫 시간에 아이들과 만나면 꼭 하는 이야기가 있다. 1년 동안 나와 이 교실에서 평화로우면서도 행복한 시간을 만들려면 반드시 이 3가지는 약속해야 한다고 말한다.

 첫째는 거짓말을 하지 말자. 숙제를 못 할 때도 있고, 친구와 다툴 수도 있지만, 거짓말로 선생님을 속이려고 하는 것은 절대로 안 된다. 난 너희들의 눈만 봐도 너희들이 무슨 생각을 하는지를 다 안다. 특히 참말을 하는지 거짓말을 하는지 다 보이니까 내 눈을 속일 생각은 애초에 꿈도 꾸지 말라고 으름장을 놓는다. 실제로 애들의 눈과 말투, 행동을 보면 다 보인다. 그만큼 영혼이 투명하고 순수하다는 말이기도 하다.

둘째는 모든 일에 꾸준히 최선을 다하자. 모든 일에 열심히 하는 사람을 당할 순 없다. 지능지수가 높다고 자만하는 아이는 꾸준히 노력하는 둔재를 이길 수가 없다. 비록 결과물은 만족스럽지 못하더라도 모든 일에 열과 성을 다해서 하다 보면 언젠가는 원하는 목표에 다다를 수 있다. 천성이 게으른 녀석들이 가끔 있지만 꾸준함이 경쟁력이고 그것을 능가하는 비법은 세상 어디에도 없다.

마지막에는 이렇게 말한다.

"모든 움직이는 물체에서 가장 중요한 것은 무엇일까요? 자전거, 오토바이, 자동차, 기차에서 이것이 제일 중요한 것입니다~"

"엔진이요!"

"바퀴요!"

"운전대요!"

해마다 수많은 아이에게 말하지만 한 번에 답을 찾는 경우는 한 번도 없다. "힌트를 주자면 이것이 고장 나면 큰일 나지요?" 하는 순간 바로 정답이 튀어나온다.

"브레이크요!!!"

"딩동댕~ 바로 브레이크이지요? 멈추지 않고 계속 달리기만 한다면 어떻게 될까요? 앞에 위험한 물체가 나타났는데 멈추지 못한다면 어떻게 될까요? 맞아요. 사고가 나고 다치고 죽기까지 하겠지요? 그래서 브레이크 장치가 제일 중요하답니다." 여기까지 얘기하면 아이들은 나의 의중을 대충 짐작한다.

"여러분도 수업 중이나 쉬는 시간에 장난치고 떠들다가도, 선생님이 '집중' 하는 신호에 브레이크를 밟아야 해요. 그 순간, 하던 행동을 딱 멈추고 선생님을 바라본다는 약속을 꼭 지켜야 합니다. 그래야만 수업이 진행되고 나의 공부 실력도 발전하며 친구와의 충돌도 막아 준답니다. 알았지요?"

"네!" 교실이 떠나가라 우렁찬 대답 소리에 나는 한껏 고무되고, 올 1년도 무사히 생활하게 될 것이라는 기대를 한다. 하지만, 아이들이 한 번 말을 했다고 기막히게 말을 잘 들으면 '선생 똥은 개도 안 먹는다.'라는 명언이 생기지 않았을 것이다. 매일매일 기회가 있을 때마다 다시 기억시키고 되새김시키는 전문 용어로

'잔소리'를 들으며 아이들은 자란다.

  이제 인생 2막을 시작하는 나에게도 브레이크는 필요하다. 앞만 보며 달리지 말고, 들판에 핀 이름 모를 꽃도 보자. 땅만 보고 고개 숙여 걷지 말고, 하늘에 별을 쳐다보는 여유도 갖자. 가끔은 브레이크를 밟으며 쉬어 가는 여유를 갖자.

  나는 늘 분주했다. 잠시라도 가만히 있으면 내가 해야 할 일을 안 하고 있는 건 아닌가 하는 막연한 조급함에 늘 동동거리며 살았다. 밥 먹는 시간도 쫓기듯이 후다닥 위장으로 밀어 넣는 느낌으로 배고픔만 달래는 수단쯤이었다. 자려고 누워서도 머릿속은 팽팽 돌아가고 있었다. 오늘 한 일에 대한 반성과 내일 할 일에 대한 계획으로 늘 머리는 복잡했다.

  욕조에 따뜻한 물을 받아 놓고 반신욕을 할 때도 최소 3가지 일은 해야 직성이 풀렸다. 음악 감상과 독서는 기본이고, 머리카락과 얼굴에 팩하기, 거기에 덧붙여 때 밀기까지 전문 용어로 '일타 쓰리피'이다. 이렇게 쓰고 보니 내가 무슨 재벌 총수나 국정을 책임지는 고위 관료가 된 것 같아서 머쓱해진다.

힘껏 잡아당긴 활시위처럼 팽팽한 정신 줄을 잠시 내려놓는 것이 쉼이다. 여전히 내 머릿속을 헤집고 다니는 상념의 지푸라기를 싹 비워 버리는 것이 쉼이다. 가끔은 진공 상태의 머리로 멍때리기를 하는 것이 진정한 쉼이다. 수년간 시작하는 아이들에게 해 주었던 말을 이제는 나에게 들려주고 싶다.

"브레이크!"

루틴이 있는 아침은
아름답다

 이변이 없으면 4시 30분에 기상한다. 바로 화장실을 다녀오는 좋은 습관이 있다. 그리고 이를 닦는다. 특히 혓바닥을 깨끗이 꼼꼼하게 닦는다. 그리고 천일염을 미지근한 물에 타서 5프로 정도의 식염수를 만들어 코를 세척한다. 이건 내가 중학교 때부터 시작된 아주 오랜 습관이다. 그 당시 축농증이 살짝 와서 힘들 때 어머니가 알려 주신 비법이다. 그 이후에 축농증은 약 하나 먹지 않고 말끔하게 나았으며 감기에도 잘 걸리지 않았다. 언젠가 방송에서 모 탤런트가 이 방법을 이야기해 반가웠다.

 다음에는 음양탕을 마신다. 뜨거운 물 반, 차가운 물 반을 섞는 것이 음양탕이다. 단순히 미지근한 물이 아니라 음과 양의 충돌을 통해서 생명력이 생긴 물이다. 음양탕을 1잔이나 2잔 정도 마신다. 체온이 쑥 올라가며 내 몸이 예열된다.

이것은 캠핑하거나 해외여행을 가도 늘 지키는 나만의 루틴이다. 옆에서 보는 울 남편이 나를 보고 독하단다. 아무리 같이 하자고 권해도 가족들은 아무도 따라 하지 않는다. 나는 그들을 이해 못 하고 그들은 나를 보고 대단하다고 고개를 절레절레 젓는다. 누가 맞는지는 모르지만 적어도 내가 잘못하고 있지 않다는 확신에 흔들리지 않는다.

내가 김미경 MKYU 대학의 열정 대학생이 된 후부터는 또 하나의 루틴이 추가되었다. '514 챌린지'라는 프로젝트에 참여한다. 새벽 5시부터 30여 분 정도 김미경 캡틴의 주옥같은 명강을 시청한 후에 6시까지 내가 정한 챌린지를 실천한다. 나를 들어 올리는 이 시간에 성장을 위한 루틴을 실천하는 것이다. 주로 독서를 많이 했다. 쓰는 사람이라면 필요충분조건으로 책을 많이 읽는 것이 의무이자 책임이기에 다양한 독서를 했다. 그러면서 '닥치고 독서'하는 '닥독모임'도 알게 되었다. 이름이 딱 내 스타일이었기에 '닥치고 독서하기'에 동참했다.

514 챌린지가 끝나면 거실에 요가 매트를 깔고 유튜브 선생님과 함께 요가를 한다. 최소 30분~1시간 정도 한다. 요가는 나에게 잘 맞는 운동이다. 천천히 호흡에 집중하며 내 몸의 구석구석을 수축과 이완을 반복하며 비틀고 쥐어짠다. 게다가 나를 지탱해 줄 근력도 단단하게 세우는 완벽한 운동이다. 꼿꼿하게 편 척추와 뒷다리 근육의 팽팽한 늘임은 마음의 주름살마저 펴지게 한다. 요가의 수많은 동작은 어느 하나 고통스럽지 않은 것이 없다. 온몸이 갈기갈기 찢기는 듯한 아픔과 다리가 부들부들 떨리는 힘듦을 동반한다.

옆에서 내가 요가하는 것을 지그시 보고 있는 남편은 내가 참 편안해 보인다고 한다. 그 순간에도 나는 지극한 고통과 혼미한 정신을 부여잡고 버틴다는 걸 모른다. 그럼에도 불구하고 그 고통을 즐기는 경지까지 다 달았다. 아프지 않으면 운동이 되지 않은 것 같아서 이제는 고통이 즐겁기까지 한다. 즐기는 사람을 이길 수는 없다.

내가 요가의 세계에 입문한 것은 벌써 10년이 넘었

다. 나는 몸이 많이 뻣뻣했다. 남들 다하는 동작들도 난 엉거주춤 우스꽝스러운 모양새를 하기 일쑤였다. 그럴 때마다 요가 선생님이 절대로 다른 사람과 비교하지 말고 나의 몸 컨디션에 맞춰서 하라고 한 말이 많은 위로와 도움이 되었다. 아니었다면 벌써 애초에 때려치웠을지 모른다.

작은 요가 매트 위에서 나의 몸은 소우주가 된다. 들숨과 날숨에 따라 몸을 쓰다 보면 인생사 자잘한 근심 거리는 저만치 달아나 버린다. 복잡했던 머릿속은 오직 요가에만 집중하다 보면 심플해진다. 손을 쭉 뻗으면 망망대해의 바다 위를 떠다니는 것 같은 환영에 사로잡힌다. 다리 한쪽이 허공을 향해 위로 솟구치는 순간 나의 몸은 한 마리 돌고래가 된다. 코끝으로는 바다 내음이 나는 것 같기도 하고 꽃향기가 나는 것 같기도 하다. 정신을 차려 보면 나의 땀 냄새이지만 몰입하는 그 순간만은 나는 바다를 헤엄치고, 들판을 가로지르면서 풀밭을 지나기도 한다.

1시간이 억겁의 시간처럼 지루하고 고통으로 가득 찼기에 시간을 '빨리 감기' 하고 싶다. 하지만 요즘은 제법 시간이 잘 흐른다. 가끔은 아니 벌써? 하는 느낌이 드는 날도 있으니 장족의 발전을 한 것이다. 처음 요가를 시작할 때는 언감생심 흉내마저 내기 힘들었던 고난도 동작들이 어느 순간 훅! 되는 날이 있다. 그때의 희열이란 하늘을 날 것처럼 몸이 깃털같이 가벼워진다. 이 맛에 요가를 끊지 못한다. 아니 더욱더 요가의 매력에 빠져든다. 요가는 운동이지만 '수련'이라는 말로 표현한다. 운동 효과도 크지만, 마음을 다스리기에도 더할 나위 없이 좋기 때문이다.

내가 애정하는 요가를 끝내면 바로 타바타 운동을 한 판 한다. 짧은 시간의 고강도 인버터 운동이다. 50초 고강도 운동 후 10초를 쉬면서 30여 가지의 동작을 한다. 타바타는 길어야 30분 내에 마친다. 고강도이기에 오래 하기는 힘이 든다. 이 또한 고난의 연속이지만 체력이 나날이 향상됨을 온몸으로 느끼기에 멈출 수가 없다.

또 한 가지가 남았다. 플랭크! 세월이 왜 이렇게 빨리 가는 거냐고 하는 사람은 플랭크를 하라고 했던가? 60초가 마치 영원 같다. 극한의 순간 고통 지수가 최고치가 플랭크 운동이다. 그렇지만 나의 아킬레스건인 뱃살 타파를 위해 이 또한 패스할 수가 없다.

땀과 눈물로 채워진 운동 시간은 나를 배신하지 않는다. 슈퍼 면역력을 가진 덕분인지 코로나에 한 번도 걸리지 않았다. 군살 없이 탄탄한 몸매로 20대인 딸과 옷을 같이 입는 영광을 누리는 건 보너스이다.

마지막으로 몸을 90° 거꾸로 돌려서 근육 이완, 허리 통증, 자세 교정, 노화 방지에 효과적인 거꾸리 운동을 2~5분 정도 한다. 잠시 동안 물구나무를 서거나 거꾸로 매달리게 되면 발아래에 있는 피가 머리로 올라 두뇌가 자극되어 치매 예방에 좋다고 한다. 이제 미친 듯이 샤워를 한다. 출근 시간이 늘 빠듯하다. 간헐적 단식 덕분에 우리 가족은 아무도 아침을 먹지 않기에 나의 아침 루틴을 실천하는 데 많은 도움이 된다.

지금 나의 건강은 과거 10년을 어떻게 관리했느냐의 반증이고, 앞으로 10년을 어떻게 사느냐에 따라 10년 후의 내 모습이 결정된다고 한다. 루틴이 있는 아침은 하루를 건강하게 시작하게 해 준다. 고난의 아침이 쌓여서 건강한 나의 삶이 완성된다. 몸을 단련하여 건강을 만들고, 마음을 훈련하여 행복을 얻는 아침은 아름답다.

손자를
처음 만나는 날

 나의 내면에 남아 선호 사상은 없는 줄 알았다. 누구보다도 깨어 있는 지성이라 자부했고, 남녀 차별은 거의 피부로 느끼지 못한 환경에서 자랐다. 그리고 대체로 남녀가 평등한 직업을 가지고 평생을 살아왔다.

 나는 1남 2녀의 장녀로 태어났다. 우리 부모님은 다행히 남아 선호 사상이 그리 많지는 않으셨다. 하지만 내 기억 속에 오빠와 차별받은 단 하나의 기억은 진하게 남아 있다. 내가 국민학교―나는 국민학교 출신이다― 3학년 때였다. 우리 오빠에게만 쓴 보약을 해 먹이셨다. 딱히 그걸 먹고 싶다거나 오빠가 부럽지는 않았다. 그런데 오빠가 쓴 약을 앞에 두고는 이렇게 말했다.

 "엄마!! 왜 씨분 약은 애야는 안 주고 나만 줘?" 여기에서 씨분 약은 쓴 약이라는 경상도 사투리이다. 오빠의 입을 황급히 막으시던 엄마의 모습을 보며, '아! 난 오빠와 차별당하고 있구나!' 하는 것을 어렴풋이 느꼈다. 그리고 그 기억은 꽤 오랫동안 나를 섭섭하게 했다. 그래서일까? 아니면 태생이 경상도 여인의 뿌리여서일까? 막연히 아들을 꼭 낳고 싶었다. 하지만 하느님께서는 이쁜 딸 두 명의 천사를 나에게 맡기시는 걸로 입을 싹 닦으셨다. 오 마이 갓!

아들 하나 낳아 보려고 경주에 있는 유명한 대추나무 한약방의 비약도 지어서 먹었다. 각종 민간에 내려오는 아들 낳는 비법도 습득하여 실행에 옮기기도 했다. 무엇을 먹든 제일 마지막 남은 것은 내가 먹었다. 그러면 아들을 낳는다면서 주위에서 나를 챙겨 주었기 때문이다.

하지만 오호라 통재라! 더 이상 임신이 되지 않았다. 첫 딸을 얻을 때도 1년이라는 기다림 끝에 힘들게 가졌었다. 난 태생적으로 임신이 잘되지 않는 체질이란다. 우라질~ 이런 체질도 있구나. 군인들을 위로하는 프로그램을 보면서 저 많은 아들 중에 내 아들은 하나 없다는 생각에 잠깐 우울한 순간은 있었지만 애달파하지는 않았다. 나에게 남아 선호 사상이 있다는 사실도 까마득히 잊고 살았다. 속절없이 세월은 흘러 이제는 공장문도 닫고 영업 종료에 사업자 등록증까지 폐기했다.

  원하진 않았지만 큰딸이 일찍 결혼을 했다. 요즘 시대에는 진짜 빠른 나이에 짝을 만났다. 몇 년 동안 아기는 안 가진다고 하더니 결혼하고 석 달 만에 태몽도 없이 우리에게 선물이 찾아왔다. 태명도 축복이라 지었다. 이제는 손자다. 갑자기 손자 욕심이 와르르 몰려나왔다. 손주를 만날 날이, 아니 엄밀하게 따지면 아기의 성별을 아는 날이 다가오고 있었다. 요즘은 병원에서도 성별을 가르쳐 준다고 한다.

"엄마, 의사 선생님이 분홍색 준비하래요."

  난 순간 아무 말도 하지 못하고 3초 정도 침묵이 흘렀지만, 곧 정신을 챙겨서,

"아들이면 어떻고 딸이면 어떻니? 하느님이 주신 선물 감사히 받으면 되지."

"어, 엄마. 그런데 왜 말을 못 해? 잠시 말 안 했잖아. 엄마 섭섭하지?"

"아냐, 아냐. 진짜 아니라니까!"

늦었다. 내 속마음을 들켰다. 나중에 안사돈께 들은 말은 딸이 아기가 딸이라 섭섭하다며 그렇게나 울더란다. 안사돈은 누가 너에게 아들 낳으라고 했냐면서 네가 왜 우냐고 하셨단다. 참 기가 막히고 코가 막힌다. 이것도 대물림인가? 나는 진짜 아들 타령 한마디도 안 하고 지극정성으로 딸을 키워 온 것 같은데…. 딸의 마음에도 남아 선호 사상이 싹트고 자라고 있었나 보다. 괜스레 코끝이 아리고 눈가가 촉촉해진다. 그리고 나에 대해 반성했다. 엄마의 마음이 딸에게도 전염된 것 같아서 마음이 짠했다.

그렇게 첫 손녀가 우리에게 왔다. 제 엄마를 아주 힘들게 하였기에 내 속은 타들어 갔지만 내 딸도 엄마였다. 낳을 제 고통 다 잊고 금지옥엽 아기를 키웠다. 태명처럼 우리 가족에게 축복 그 자체인 손녀는 여러 사람의 사랑 속에서 무럭무럭 자랐다.

손녀가 3살이 되었을 때 또 한 번의 선물이 우리에게 찾아왔다. 헬스장에서 한창 땀 흘리며 러닝 중일 때 딸이 영상 통화로 나를 멈춰 세웠다.

"엄마, 복이 터졌어! 이번에는 애가 둘이래."

"뭐? 뭐라고? 농담하지 말고."

워낙 평소에 농을 잘하는 애라서 농담인 줄 알았다. 하지만 그 옆에서 고개를 푹 숙이고 있는 사위 왈, "어머니 맞아요. 쌍둥이래요." 하며 한숨을 푹 쉬는 것이 아닌가? 순간 머리가 하얗고 잠시 세상이 멈춘 듯 아무 생각도 나지 않았다.

"아이고, 이게 뭔 말이야? 우리 집에 쌍둥이 유전자는 없는데? 우리 조상에도 없어."

"저희 집도 없대요."

초음파 사진을 들이밀며 다시 한번 확인해 주는 쌍둥이 소식에 허둥지둥 급하게 전화를 끊었다. '멘붕'이 왔다.

'이게 뭔 일이여? 기쁜 일이기도 하지만 애 둘을 어떻게 낳고 키우지? 셋이 되는 거잖아. 게다가 또 딸이면 그것도 한꺼번에 둘이면 딸이 셋이 되는 거잖아. 아휴 어떡해.'

상상만 해도 눈이 질끈 감아지고 가슴이 방망이질 쳤다.

또 한 번의 심판 날이 왔다. 이제 성별을 알 수 있는 달이 되고 딸의 전화벨 소리에 한참 동안 심호흡을 한

후에 받았다. 이제 무슨 말을 하더라도 내 속마음은 들키면 안 되었다.

"엄마, 한 명은 무조건 아들이래. 다른 애는 자세가 안 좋아서 잘 안 보인대요."

"하나는 확실하대? 진짜 맞대?"

나도 모르게 목소리는 떨리고 하이 소프라노로 올라가고 있었다.

"어휴! 우리 엄마 소원 성취하셨네. 이러고도 아들, 아들 안 한다고? 하하하 하하!"

"그러는 너는 채아 때 왜 울고 그랬냐? 너도 소원 풀었다."

이번에도 실패이다. 속마음을 더 많이 들키고 말았다. 며칠 후 고추 부분을 빨간 볼펜으로 동그랗게 표시한 초음파 사진을 보내왔다. '이제 됐다! 하나는 확실하다잖아? 나머지 한 애도 고추였으면 좋겠구먼….' 못 말리는 조선 시대 할머니가 되어 있었다. 나의 소망과는 달리 고추는 하나로 만족해야 했다. 딸 하나 아들 하나 완전히 다른 이란성 쌍둥이란다.

하루하루 시간이 갈수록 딸의 배가 쌍둥이임을 더

확실하게 일깨워 줬다. 달이 지날수록 딸애는 너무나 힘들어했고 막달에는 결국 병원에 입원까지 해야만 했다. 마침 딸이 근무하는 병원이라서 좀 더 좋은 조건과 환경에서 입원한 것이 다행이었다. 하루라도 더 배 속에서 키워서 세상에 내놓으려는 딸의 눈물겨운 사투는 피를 말렸다. 배는 또 왜 이렇게나 부른지 뻥 하고 터질 듯이 아슬아슬했다. 키가 꽤 큰 딸애이지만 불러 오는 배로 인해서 걷기조차 힘들어서 휠체어를 타고 움직였다. 아이 한 명 잉태하는 것도 힘든데 둘이나 배 속에서 키우고 있는 딸이 너무나 안쓰러웠지만 내가 해 줄 수 있는 일은 기도밖에 없었다.

수술 날짜를 받아 놓고 이틀 동안 딸과 함께 병원에서 함께 지냈다. 일어나는 것도 누워 있는 것도 앉아 있는 것도 숨 쉬는 것마저 어느 것 하나 힘들지 않은 것이 없었다. 내 눈에는 아직 아기 같은 내 딸이 그 고통을 꾹꾹 참으며 아이들 걱정만 하는 것을 보니 또 울컥했다.

"그래, 너도 엄마가 되었구나. 지금은 힘들어도 너의 삶이 더 풍요로울 거야. 하나보다는 둘이, 둘보다는 셋이 너에게 더 많은 기쁨을 안겨 줄 거야"

"엄마, 엄마는 애 셋 낳아 봤어? 애 셋 낳아 보지 않았으면 나한테 말을 하지 마세요."

농을 던지는 딸의 모습에 또 한 번 가슴이 뭉클해진다.

D-day.

아침이 밝았다. 오늘은 우리 딸이 자식을 한꺼번에 둘을 얻는 날, 나는 손주들을 처음 만나는 날, 그 무거운 아이들을 세상에 내놓는 날, 어찌 보면 더 힘든 날이 시작되는 날이다. 수술실에 들어가기 전에 뻥 하고 배가 터질 듯하여 무섭기만 했다. 딸을 수술실로 들여보내 놓고 손이 다 닳도록 기도하고 또 기도하며 모니터만 뚫어져라 쳐다보고 있었다.

'하느님~! 집도하는 의사 선생님께 숙련된 의술과 은총을 내려 주셔서 무사히 수술 마치도록 도와주세요! 울 딸이 능히 감당할 수 있는 건강과 의지를 주시고, 우리 손주들에게도 이 세상과 무사히 만날 힘을 주세요!'

초록 불이 들어오며 딸이 무사히 수술을 마쳤다는 글이 전광판에 떴다. 그 순간 나의 심정은 모르는 사람이라도 붙잡고 고맙다는 인사를 건네고 싶었다. 간호사가 끄는 침대 위에서 손주와 처음 만났다. 다행히 인큐베이터에 들어가지 않았기에 요람에서 빨간 얼굴로 할머니와 첫 대면을 했다. 무사히 이 세상에 온 새 생명에 대한 감사함으로 뜨거운 눈물이 나왔다.

감격의 순간이 무색하게 신생아실로 가는 간호사를 뒤따라가며 나는 이렇게 묻고 있었다.

"간호사님~ 고추 하나는 확실하게 있지요?"

"예~ 아들 하나 공주 하나입니다~~!"

하이 소프라노로 경쾌하게 대답했다.

"아이고, 이제 정말 다 됐다!"

사춘기,
성장을 위한 시작

 큰아이가 초등학교 6학년쯤 남편의 회사가 지방으로 이전했다. 이야기가 나온 것이 몇 년 전이라 함께 내려가야 하나 고민을 많이 했다. 아들만 셋인 데다가 이제 곧 사춘기도 올 텐데, 어떡해야 하나 걱정이 많이 되었다.
 "너 혼자 힘들 텐데, 같이 내려가는 게 좋지 않겠니?" "아이들이 가기 싫어하는데, 한창 예민할 때 새로운 환경에서 적응하는 건 어려울 거야." 하며 친구들도 가족들도 걱정 어린 마음으로 조언해 주었다.
 이런저런 이유로 나는 아이들과 남아 있는 것을 선택했다. 아이들은 아이들대로 사춘기라지만, 그 당시 마흔 중반을 넘어서고 있어 내심 걱정이 많이 되었지만 지내다 보면 방법이 있겠지 싶었다. 하지만 다른 것은 괜찮은데, 아이들의 사춘기가 어떻게 올지 걱정이었다.

  순한 기질의 큰아이는 모두의 예상처럼 사춘기를 무난하게 넘어갈 것 같았다. 그런데 중3부터는 슬렁슬렁 그분이 찾아오는 것 같더니, 고1 입학 이후로는 제대로 삐딱하게 굴기 시작했다. 나의 말을 일부러 거스르는 듯 보였고 호감을 느끼는 친구와 연애하느라 완전히 공부는 뒷전이었다. 중학교 때부터 구설에 오르내리던 친구와 어울리는 것 같아서 몇 번이나 주의를 주었는데, 그 친구와 한동안 단짝처럼 붙어 다니다가 학교에서 선도 대상으로 호출이 되기도 했다. SNS를 하느라 잠이 부족해 피곤한 얼굴로 멍을 때리고 있으니 노파심에 친구들에 관해 물어볼라치면 도끼눈을 치켜뜨며 "알아서 할 테니, 간섭하지 마!"라며 고함을 지르곤 했다.

  이야기를 해 봐도 듣지 못했다. 이런저런 조언도 해 보고 화도 내 봤지만, 본인이 듣지 않을 때는 속수무책이란 걸 그때 제대로 알았다. 하도 답답해서 아이를 다 키운 친구에게 물어보니, 아이는 지극히 정상이고, 가출은 하지 않았으니 얼마나 다행이냐고 하며 잘해 주라고 했다. 내가 아이에게 큰 기대를 걸고 너무 다그친 거 아니냐며 오히려 엄마가 문제일 수도 있다고 했다. 시간 지나면 원래대로 돌아온다는 말도 덧붙였다. 기다려 주면 된다는 친구의 진심 어린 조언이 참으로 야속하게 들렸었는데 지나고 보니 그것만이 유일한 해결책이었다.

중2 사춘기 때문에 생겨났다는 말로 '지랄 총량의 법칙'이 있다고 한다. "모든 인간에게는 평생 쓰고 죽어야 하는 '지랄'의 총량이 정해져 있다. 어떤 사람은 그 지랄을 사춘기에 다 떨고, 어떤 사람은 나중에 늦바람이 나기도 하지만 어쨌거나 죽기 전까진 반드시 그 양을 다 쓰게 되어 있다."

'트렌드 지식 사전'에 올라가 있는 말로 중2병 자녀 때문에 속앓이하는 부모에게 위로가 되어 준다고 했다. 큰아이의 사춘기를 겪고 보니 '지랄'이란 단어보다 적절한 표현이 있나 싶을 정도로 사춘기를 겪는 아이들에게 딱 들어맞는 표현이다. 간혹가다 어른이 되어서 무언가에 중독되거나 극심한 불안을 보이는 경우도 여기 해당하는 것이 아닐까? 이런 생각이 든다.

아무튼 나는 입시가 코앞인 고3에 사춘기가 들이닥치지 않은 게 어디냐며 가슴을 쓸어내렸다. 미친 듯이 지랄을 떤 아이는 어느새 다시 정상으로 돌아왔다. 비 온 뒤에 땅이 굳는다는 표현이 이런 말일까? 한바탕 폭풍이 지나가지 않았더라면 지금처럼 일상의 평온은 없었을지도 모를 테니 말이다. 아이도 그때 자기가 무슨 정신으로 그렇게 개념 없이 굴었는지 알 수 없다고 말했다. 그렇다고 후회되지는 않는다고 했다. 버린 시간이 아깝다는 생각은 들었지만 많은 경험을 할 수 있어서 나름대로 의미 있는 시간이었다는 것이다. 속으로는 복구해야 하는 성적 때문에 머리 터지게 괴로운 것 같았지만.

  아이의 사춘기를 옆에서 지켜보는 것은 쉽지 않았다. 부모 되는 일이 쉽지 않음을 알았지만, 나의 감정을 조절하는 것부터가 힘들었다. 부글부글 끓는 마음을 삭이면서, 도대체 언제 정상으로 돌아오는지 기약 없는 아이의 태도를 멀거니 지켜보아야만 하기 때문이다. 아이가 어릴 때는 내 말을 듣는 것 같았다. 머리가 커 버린 아이는 마치 지금이라도 자신의 권리를 찾으려는 듯 냉담하게 굴었다. 너무 다가가도 안 되고 너무 떨어져도 안 되게, 적당히 거리를 둔 채 촉각을 곤두세워야 하는 게 참 어려웠다. 나도 이제 곧 오십인데 엄마가 아이 눈치 보는 게 이런 거구나 한숨이 절로 나왔다.

살얼음 위를 걷는 듯 조심스럽고, 고구마를 백 개는 먹은 듯한 답답함으로 짓눌렸던 사춘기라는 시간이 지나고 나니, 아이는 사춘기를 통해 훌쩍 큰 느낌이다. 지랄 총량의 일정량을 채운 아이를 보면 '그래, 꼭 하고 넘어가야 하는 거라면 제대로 겪는 게 낫지.' 하는 안도감마저 들었다. 행여나 나중에 살면서 불쑥불쑥 사춘기가 다시 찾아오면 그것도 곤란할 테니 말이다.

사춘기가 잠잠해지자 아이가 어느 날 얘기했다. "엄마가 계속 나를 간섭하려고 했다면 나도 모르게 더 반항하고 싶은 마음이 들었을 것 같아요." 아이가 솔직하게 얘기해 준 덕에 아이의 뒤늦은 사춘기가 나 때문에 더했을 수도 있겠구나 하는 생각이 들었다. 지금이라도 이렇게 잘 지나가서 정말 다행이라고 생각했다.

사람은 누구나 자유 의지를 좋아한다. 하려고 했던 일도 누가 시키면 하기 싫은 마음이 드는 것처럼, 한참 자아를 성장시켜야 하는 예민한 사춘기의 아이들이 누군가의 요구에 부응하느라 착한 아이처럼 군다면 그 아이는 나중에라도 늦은 사춘기를 겪을 가능성이 크다.

친구의 아이 중 한 명은 우리 아이보다 늦은 사춘기가 왔는데, 그 엄마는 몇 달을 눈물을 흘리며 시냈다고 했다. 아들이 여자 친구를 사귀기 시작하면서 성적도 떨어지고 안 하던 거짓말도 하기 시작했다고 했다. 엄마의 말은 귓등으로 흘리며 급기야 "헤어질 마음이 없으니 간섭하지 마."라고 통보를 했단다. 착실하고 엄마의 의견을 잘 따랐던 아들의 변화에 엄마는 서운함으로 온 세상이 다 허무하다고 말했다. 나도 그 엄마에게 내 친구로부터 들은 말을 똑같이 해 주었다. "강요한다고 되겠어요, 잘해 줘요. 잘하는 아이니까 곧 돌아오지 않을까요. 진짜 고3 아닌 게 어디예요."

주위에 어떤 아이들은 학교를 밥 먹듯이 빠지고 몰려다니며 나쁜 짓을 일삼거나, 살기를 품고 문짝을 때려 부수는 경우도 있다고 들었다. 극심한 사춘기를 겪은 집에 비하면 이건 아무것도 아닐 수도 있다. 어쨌거나 아이의 사춘기를 겪은 뒤로 나는 내 아들이나 아들의 친구가 자신을 위해 나름대로 괜찮은 선택을 했다는 결론에 이르렀다. 물론, 눈물 콧물 쏙 빼도록 힘겨웠지만, 스스로 자라기 위해 부모의 간섭을 적당히 차단하는 것도 독립을 위해서 꼭 필요한 과정이라는 생각이 들었다. 그 뒤로부터는 자신의 선택에 책임을 져야 한다는 이치도 조금은 깨닫게 될 테니 말이다. 물론 한참 아이의 사춘기로 괴로울 때는 이런 마음은 절대 들지 않는다.

지금은 막내가 징글징글하게 말을 안 듣는 중2가 되었다. 말만 하면 투덜거리고 삐죽대고 세상 불만투성이이다. 둘째 아이가 한 번 쳐다보기만 해도 쩍쩍 갈라지는 목소리로 "왜 쳐다보는데?" 하며 예민하게 군다. 성질을 한껏 부리다 문을 쾅 닫고 들어가는 게 아주 가관이다. 하지만 벌써 세 번째이니 엄마인 나도 내공이 조금은 쌓이지 않았겠나. 그래도 장 보고 나서 "짐이 너무 무거우니 좀 나올 수 있겠니?" 하면 입이 댓 발 나와서는 "뭐? 어떤 거요?" 하며 열심히 짐을 카트에 옮겨 담아 준다. 어깨가 아프니 좀 주물러 달라고 말하면 "진짜, 왜 자꾸 나만 시켜요." 씩씩대면서도 내가 요구한 500번을 채워서 꾹꾹 주물러 준다. "아유~ 진짜 아들 키우는 보람 있다. 완전 시원해." 이러면서 엉덩이를 툭툭 두들겨 주면 어느새 아이의 눈이 조금 순해져서는 씩 웃고 있다.

사춘기라는 걸 해 보지도 못하고 자란 엄마이니 아이들이 저러는 게 참 낯설었다. 하지만 좁아터진 엄마의 세계에 가끔은 폭풍을, 때로는 얇은 균열을 만들면서 아이들은 자라고 있었다. 나도 자라는 아이들을 통해 내 어린 시절을 돌아보기도 하고, 아이들이 컸을 때 나의 미래를 상상해 보기도 한다. 인생의 매 단계마다 꼭 하고 넘어가야 하는 것들이 있다면 그만큼의 시간은 충실히, 온 마음을 다해서 내어 주어야 한다. 온전히 경험하는 그 시간을 통해 아이도 자라고 엄마도 자랄 테니까.

이해하기 시작하면
비로소 보이는 것들

"우리는 여전히 과거 부모님이나 친구, 타인에게서 받은 상처를 안고 살아간다. 그러다 보니 내면의 목소리 역시 우리에게 해를 가하는 존재라고 생각할 때도 있다. …(중략)… 과거의 나로부터 현재의 나를 서서히 분리하면서 거리를 두는 것만이 최선이다. 그래야만 지금, 여기에 있는 그대로의 나를 인정하고 타인과 나와 너로 관계 맺는 것이 가능해진다."
권수영, 《관계에도 거리 두기가 필요합니다》(21세기북스, 2021)

어느 날 친정에 가서 하룻밤 자고 오던 날이었다. 이런저런 이야기 끝에 나는 옛날부터 궁금했던 질문 하나를 꺼냈다.

"근데 엄마, 나 어렸을 때 말이야, 내가 천 원씩 저금해서 모아 놓은 통장 있잖아. 거기 있던 십만 원이 어느 날 보니깐 빵 원이 됐더라. 와, 진짜⋯. 내가 그때 얼마나 속상했는지 엄만 모르지?" 했더니 엄마가 눈이 둥그레지셨다.

"어머나, 그런 일이 있었니? 나는 기억이 안 나는데."

"어? 엄마 아니었어? 그럼, 아빤가? 뭐야! 가져가려면 말이나 하고 가져가시든지⋯."

"아이고, 그럼 안 되지, 우리 딸이 귀하게 모아 놓은 걸, 그때 왜 그랬을까?"

엄마는 기억은 안 난다고 하셨지만, 만약 그랬다면 그건 너무나 잘못한 일이라며 몇 번을 미안하다고 하셨다. '이렇게 쉬운 말을 왜 나는 하지 못했을까?' 엄마와 나는 서로를 바라보며 함께 웃었다. 힘든 이야기를 잘 하지 않던 나의 성향은 어디서 왔을까 했더니 엄마도 그러신 분이었다. 그동안 듣지 못했던 삶의 고비마다 눈물 빠지게 힘들었던 이야기들을 밤이 늦도록 들었다.

나는 엄마가 대단한 애주가인 줄 알았다. 손님 오시면 드리려고 담가 놓은 과실주가 채 익기도 전에 엄마가 한 잔, 두 잔 마시다가 바닥을 내셨기 때문이다. 그

건 그냥 쓴 소주 맛이었다. 그렇게 술을 좋아하셨던 건 종일 쉴 새 없는 노동에 술기운으로라도 버텨야 했기 때문이란다. 먹고사는 일이 너무 힘들어서 당신은 물론이고 다른 사람의 감정을 돌볼 여유가 없었노라고 하셨다. 가난한 집 종손 며느리로 일 년에 열두 번도 더 되는 제사를 힘든 내색 없이 치러 내셨던 엄마는, 어떨 때는 힘들고 고된 세월이 너무 야속해서 시간이나 후딱 가 버리라고 하는 심정으로 사셨다고 했다.

그때의 엄마보다 나이를 많이 먹은 나는, 그제야 새파랗게 젊은 나이에 부모라는 존재가 되어 팍팍한 대가족의 삶을 챙기느라 고단했던 엄마의 삶이 보였다. 나의 상처보다 엄마의 힘들었던 삶이 더 크게 느껴지기 시작했다.

언젠가 하루는 아버지와 할아버지에 관해 이야기를 나눌 기회가 있었다. 할아버지가 너무 무서웠던 아버지는 초등학교도 들어가기 전에 그만 공부에 흥미를 잃으셨다고 했다. 그 뒤로 당신은 늘 나쁜 머리를 탓하게 되셨다고 했다. 실패자라는 생각이 많이 들었고 무기력해졌다고도 하셨다. 그러니 순한 손주들 너무 몰

아붙이지 말라는 당부도 덧붙이셨다. 나의 공부 욕심도 할아버지와 당신을 닮았을 테니, 그럴 가능성이 충분히 있어 보인다면서. 아이들이 때 되면 알아서 할 수 있도록 지켜보면서 필요한 것만 해 주는 거지, 부모가 욕심으로 누른다고 해서 아이들이 잘 크는 게 아니라는 말씀이셨다.

어렸을 때는 경제적으로 무능력한 아버지가 참 책임감도 없다 싶어서 미운 생각도 많이 들었었다. 지금의 아버지는 정말 많이 달라지셨다. 참선과 불교 공부를 40여 년 동안 가까이하시며 지금도 손에서 책을 놓지 않으신다. 그 어렵다는 불교 경전인 금강경을 통째로 외우시는 걸 보면 머리가 나쁜 게 결코 아닌데. 지금은 건강하게 친구분들과 어울리시며 언제 어디서든 마음공부에 여념이 없으시다. 함께 공부하시는 분들로부터 존경과 사랑을 받는 아버지를 보면 자랑스럽고 감사한 마음이 든다. 이제는 공부를 좋아하고 잘하고 계신 아버지의 마음이 궁금했다.

"아빠가 이렇게 공부를 열심히 하실 줄 누가 알았을까요? 진작 그랬으면 서울대라도 가셨겠어요. 근데 할아버지한테 미안하다는 말을 한 번이라도 들어 보신

적 있으세요?"

"없지, 한 번도 없었지."

일흔이 넘은 아버지의 눈에서 슬픈 빛이 순간 떠올랐다 사라졌다.

"에이, 진짜. 할아버지 너무하셨네, 똑똑한 아들을 바보로 만들어 놓고 뭘 잘하셨다고 그렇게 꼿꼿하셨대. 할아버지 진짜 나쁘다."

"그땐 옛날이라 다른 집들도 많이 그랬지, 뭐. 그래도 칭찬 한마디 들었으면 서운한 맘이 눈 녹듯 사라졌을 건데. 허허."

나는 하늘을 올려다보며 허공에다 대고 소리쳤다.

"아유, 할아버지, 빨리 아빠한테 미안하다고 하세요. 얼른요."

살짝 눈물이 나서 얼른 고개를 높이 들었다. 아빠는 당황스러운 표정이셨지만 기분이 나쁘지 않은 듯 웃으셨다. 나는 그 순간 무서운 친아버지와 낯선 새엄마와 배다른 동생들 사이에서 눈치 보며 서 있는 작고 여린 아빠의 모습을 떠올렸다. 내가 엉엉 울던 날, 입은 다문 채 불안한 표정으로 서 있던 어린 시절의 내 모습을 떠올린 것처럼 말이다. 마흔이 넘은 딸이 일흔이 넘은 아빠의 어린 시절을 위로한다는 게 이상하긴 했지만, 그때 이후로 아빠는 조금 편해지신 것도 같다. 아마 나처럼 그 옛날 할아버지의 팍팍한 삶을 마주하셨는지도 모르겠다. 그리고 그날, 내 맘속에 아빠에 대해 남아 있던 약간의 삐딱한 감정도 눈 녹듯 사라졌다.

 이번 설에도 친정을 들렀다 왔다. 부모님은 열심히 성실하게 살아오신 덕에 지금은 아파트 자가에서 큰 불편 없이 지내시며, 하고 싶은 취미 생활과 공부를 하신다. 갈 때마다 내가 좋아하는 코다리며 오징어볶음, 갖가지 나물 반찬에 밑반찬들, 어느 모임에서 챙겨 두신 떡이나 직접 손질하신 고구마, 감말랭이 같은 것들을 모아 두셨다가 싸 주신다. 손주들이 맛있게 먹을 간식도 바리바리 싸 주신다. 엄마의 자식에 대한 사랑은 구구절절 말에 있지 않았다. 말하지 않아도 알 수 있는 걸 말하지 않아서 몰랐던 철없던 나는, 이제야 엄마의 따스한 마음이 이미 내 안에 넘쳐흐르고 있음을 느낄 수 있었다.
 사람마다 크고 작은 상처가 있다. 문제는 누구에게나 자기 상처는 더 크게 보인다는 것이다. 과거의 나는 마음을 잘 표현할 줄 몰랐고 작은 상처는 박제되어 마음 한구석에 틀어박혀 있었다. 이제는 편하게 표현한다. 기쁘면 기쁜 대로, 속상하면 속상한 대로 가능하면 나의 감정을 중심으로 이야기하려고 노력한다. 표현하며 사니 마음이 훨씬 가볍다. 당장 해결되지 않을 것 같은 문제라도 찬찬히 지켜보다 보면 해법이 있을 거라는 막연한 긍정적 기대감도 늘어났다.

> "모든 것은 삶의 일부입니다. 우리의 인생에서 겪는 크고 작은 어려움들은, 결국에는 전 인생을 구성하며 의미를 창조하는 한 부분이 됩니다."
> 박정은, 《사려 깊은 수다》(옐로브릭, 2016)

하나의 경험이 없으면 한 가지 지혜가 자라지 않는다고 했다. 과거의 경험치는 내가 어떻게 보느냐에 따라 뾰족한 가시로 남아 있기도 하고, 때로는 삶을 위한 자양분이 되기도 한다. 우리는 그것을 선택할 수 있다. 나의 감정을 제대로 들여다보고 인정하면 내가 겪어 온 어려움들은 내 삶의 아름다운 무늬가 된다.

책을 읽는다,
함께 자란다

 가끔 한가한 오전이면 도서관 창가 자리에 앉아, 큰 창문으로 들어오는 햇살의 따끈한 감촉을 느끼는 것을 좋아한다. 책 위로 쏟아지는 햇살에 환해진 페이지를 넘기는 순간도 기분 좋다.

 아이들이 어릴 때는 열심히 육아서와 교육서를 읽었다. 이사할 때마다 많은 책을 정리했지만 몇 권은 버리기가 아까워 아직 갖고 있다. 그중에 하임 G. 기너트의 《부모와 아이 사이》(양철북, 2003)라는 책이 있는데 이 책은 육아에 무지했던 나에게 한 줄기 빛과 같은 존재였다. 지금도 밑줄 그은 내용을 보면 옛날 생각에 웃음이 난다. 아이에게 어떻게 사랑을 표현하면서도 한계를 명확하게 그어야 하는지에 대한 실질적인 조언으로 가득하다.

 책의 대화문으로 남편과 열심히 연습했던 기억이 난다.

"이번에는 당신이 해 봐요."

"얘들아, 의자는 앉으라고 있는 것이지 그 위에 서라고 있는 것이 아니야."

"오, 좋은데."

"블록은 가지고 놀라고 있는 것이지, 던지라고 있는 것이 아니야."

 서툴렀지만, 부모가 되기 위해 애썼던 젊은 날이었다. 우리 부부는 그 기억을 가끔 이야기하며 웃음 짓곤 한다. 나중에 아이들이 커서 부모가 된다면 그래도 몇 가지 해 줄 수 있는 것들 중에 확신을 갖고 해 줄 수 있는 조언이 되어 줄 수도 있을 것이다. 생각해 보면 철없던 부모 시절의 소중한 한 페이지이다. 지금은 바야흐로 내 아이들이 사춘기의 정점을 찍고 있는 시절, 그때 사 두었던 이 책을 틈틈이 읽는다.

 어렸을 때 할아버지께 한문을 배우고 중문과를 졸업했으니 한자와는 인연이 있는 편이다. 막내가 초등 3학년이 되자 체력적으로, 시간상으로 조금은 여유가 생겼다. 만화책만 주야장천 보던 막내를 몇 년간 방치했더니 아이의 책 읽기에 구멍이 나 있음을 알게 되었다. 급한 대로 책 읽기를 함께 하고 한자를 가르치기 시작했다. 아이 친구들을 모아 수업도 꾸렸다. 우리말의 많은 부분이 한자어로 이루어져 있어서, 우리말을 잘하려면 한자어를 숙지하는 것이 필수라는 생각이 들었다. 재미가 들려서 대학교 때도 하지 않았던 한자 어원 풀이를 한동안 열심히 공부했었다. 아직도 아들과 친구들은 나에게 배운 한자가 도움이 많이 된다고 했다.

  한문 문장들을 많이 접하다 보니 인문 고전의 매력에 한동안 흠뻑 빠져 지냈다. 원문으로 읽을 때 또 다른 묘미가 느껴져 논어 필사와 동양 고전 필사를 1년 넘게 지속했다. 지금도 시간 날 때마다 들여다본다. 어렸을 때 할아버지께 천자문이며 명심보감을 배울 때는 아무것도 모르고 외웠지만, 나이 들어서 읽는 고전은 나에게 깊은 울림을 주었다.

> "학이불사즉망 사이불학즉태 學而不思則罔, 思而不學則殆"
> (배우고 생각하지 않으면 얻음이 없고, 생각하기만 하고 배우지 않으면 위태롭다)

"지지위지지 부지위부지 시지야 知之爲知之不知爲不知是知也"
(아는 것을 안다고 하고 모르는 것을 모른다고 하는 것, 이것이 아는 것이다)

위의 두 문장은 내가 뽑은 공자의 《논어》(현대지성, 2018)의 최고 문장이다. 《논어》에 멋진 문장이 얼마나 많은지는 말해 무엇 하랴. 하지만 나는 《논어》에서 처음으로 접했던 이 두 문장으로 인해 다산 정약용 선생처럼 《논어》를 평생 곁에 두고 읽어야겠다는 야무진 결심을 했다.

책을 많이 읽어도 스스로 충분히 생각할 시간을 갖지 않는다면 결국은 책은 책이고, 나는 나이다. 책이 내 삶에 아무런 영향을 미치지 못하니 내 삶도 나아지지 않는다. 읽을 때마다 가슴이 뜨끔하다. 매일 SNS를 들여다보며 쏟아지는 정보의 홍수 속에서 정신을 잃을 지경이다. 그럴 때 오롯이 고전 한 줄 따라 쓰고 생각하는 시간은 나의 삶에 약간의 휴식을 주는 느낌이다. 가끔은 눈에 띄는 한자를 물고 늘어질 때가 있다. 원문과 번역의 해석이 어딘가 조화롭지 않다고 생각되면 끝내는 찾아봐야 직성이 풀리니 그러다 보면 1시간이 훌쩍 가 버릴 때도 있다. 글씨를 쓰고 내 생각을 적고 모르는 글자도 찾아보는 그 시간이 나에게는 사유와 몰입의 시간이 되기도 하니 나는 고전을 필사하는 이 시간을 사랑한다.

좋은 기회가 있어 '인문 고전 강사 과정'도 수료했다. 《햄릿》, 《논어》, 《명상록》 같은 인문 고전 도서 외에 몇 편의 그림책들을 함께 읽고 질문을 나누었다. 스스로 만든 질문으로 생각을 확장하는 방법이 아주 유용하다는 생각이 들었다. 좋은 책을 읽는 것은 좋은 삶을 위해 꼭 선행되어야 할 일이다. 세상의 많은 책들이 '나의 삶을 어떻게 살아야 하는가?'에 대한 해답을 제시하는 것이라면 그중에서 고전이라 불리는 책들은 오랜 시간을 살아남아 인간의 진실에 대해 말하고 있는 책이니 그 깊이는 이미 충분히 검증된 책이라 믿어도 좋을 것이다. 물론 그 속의 의미를 제대로 맛보려면 생각하는 시간을 충분히 가져야 한다. 좋은 책을 읽는 시간은 나다운 삶을 위해 어떻게 살아야 하는지 나를 돌아보는 시간을 만들어 주기에 나에게 충분히 가치가 있는 시간이 되어 준다.

　최근에는 북클럽 모임에도 열심히 참여하고 있다. 처음에는 회원으로 참가만 했는데 얼마 전에는 북클럽도 하나 만들어서 진행 중이다. 전에는 책을 읽는 것에 급급했는데, 이제는 한 권의 책을 읽은 후, 정리도 해 보며 작가가 말하려는 것이 무엇인지 이해하려는 입장에서 책을 읽게 된다. 사람들과 함께 읽은 감상을 나누다 보니 새로운 경험을 간접적으로 하게 되는 것도 북클럽에서 얻는 기쁨이다. 같은 책을 읽어도 사람마다 다르게 느낄 수 있다는 것이 매번 새롭게 느껴진다. 우리는 모두 다른 삶을 살지만, 각자가 자신의 삶을 사랑하기 위해 오늘도 시간을 함께 공유하고 있음을 느낄 때면 가슴이 뭉클해진다.

"북클럽 공간은 책을 통해 우리 안의 깊숙한 것들이 다시 만져짐으로 치유와 회복을 가져옵니다. 그분만 아니라 사람과 사람이 교감하는 자리, 서로가 서로에게 영향을 주는 자리가 됩니다."
변은혜, 《북클럽 사용설명서》(책마음, 2023)

얼마 전에는 '북클럽을 통해 위로받는 동치미 속풀이 시간', '책과 좋은 사람들을 통해 위로받고 용기와 자신감 업'이라는 표현을 듣고 감동한 적이 있다. 책과 삶을 함께 공유하면서 생기는 끈끈한 유대감과 그 충만한 느낌이 나는 좋다. 다른 곳에서 만났더라면 이렇게 다양하고 깊은 이야기를 과연 나눌 수 있었을까? 책을 읽으며 함께 나이를 먹어 가는 중년 이후의 삶도 참 기대된다.

중년, 나다움 찾기는
시작되었다

 몇 년을 버티다 작년부터 염색하기 시작했다. 정수리 사이로 비집고 나오는 흰 머리카락이 꽤 많아져서 이제는 슬쩍 봐도 너무 눈에 띄었다. 딸은 엄마를 닮는다는데 다행히 엄마는 머리카락이 늦게 세신 편이고 완경도 쉰 즈음에 하셨다고 했다. 이제 머리를 염색했으니 완경 이후에 대한 마음의 준비도 해야 하는 시기가 왔다. 이런 생각을 하면 두려운 마음이 들면서 우울해지기도 한다. 친한 친구는 매일 전화를 걸어와 회사에 다닐까 말까, 일은 지치고 몸은 너무 힘들다고 하소연한다. "어느새 우리가 이렇게 나이를 먹은 거니?" 하며 나이 듦의 슬픈 감정을 서로 위로해 주는 날이 많아졌다.
 생각해 보면 사실 걱정투성이다. 일단 체력이 떨어지는 게 가장 큰 문제였다. 아니, 원래도 운동을 좋아

하지 않았으니 체력이 떨어진 것이 아니라 체력이 방전될 지경이었다. 몇 년 전에 더 이상은 안 되겠다 싶어 온라인 운동 모임에 가입해서 1년 넘게 열심히 근력 운동을 했다. 각자가 원하는 운동을 하고 단체 톡방에 인증을 하는 방식이었다. 요즘은 홈트 영상만 봐도 웬만한 전문적인 내용은 다 알 수 있어서 운동하기도 너무 좋은 세상이다. 중요한 건 나의 의지일 뿐!!!

  나보다 나이가 많은 회원 한 분이 어느 날 거울에 비친 자기 엉덩이를 보니 마치 네모난 식빵 같았다고 말을 해서 함께 슬퍼하며 웃었던 기억이 난다. 그러면서 한 살이라도 젊을 때 허벅지 근력을 키워 놓아야 한다고 했다. 그때 이후로 스쿼트를 해 왔다. 150개를 2년간을 유지해 왔는데, 최근에 게으름이 나서 몇 달 동안 하는 둥 마는 둥 했다. 며칠 전 스쿼트 100개를 했는데 난데없이 허벅지가 땅기는 것이었다. 아뿔싸! 그나마 있었던 얇디얇은 내 허벅지 근육이 사라졌구나 싶어 깜짝 놀랐다. 비단 스쿼트만 그럴까? 몸은 늙어 가고 정신도 희미해져 가는 시기가 다가오는데 의지는 약해지고 있으니, 공부든 운동이든 꾸준히 할 수 있는 환경을 만들어야 했다.

그렇게 새로운 커뮤니티를 찾았다. 그때 나의 눈에 띈 것이 MKYU 대학이었다. 온라인 기반으로 운영되는 곳인데, 3050을 위한 다양한 온라인 강좌와 커뮤니티가 많아 원하는 공부를 원하는 사람들과 할 수 있다. 이곳에서 각자의 목표를 위해 열심히 배우고 있는 다양한 사람들을 만났다. 미라클 모닝이니 새벽 기상이니 하는 말들이 유행인 줄은 예전부터 알고 있었지만, 이곳에서는 새벽 기상이 일상이었고 배움의 열정으로 가득 찬 사람들이 그 이른 새벽부터 바쁘게 활동하고 있었다. 잠이 많은 나는 매일 새벽에 일어나는 것이 힘들었지만 때로는 쉬기도 하며 조금씩 적응해 나갔다. 새벽의 고요한 시간을 공부로 채우는 건 '나를 만날 수 있는' 좋은 방법이라는 생각이 들었다. 그동안 외부로 향해 치닫던 마음을 돌려 내부의 나를 만나기 위해 쓸 수 있다.

디지털 관련 커뮤니티에 들어가 다양한 디지털 도구들을 익혔다. 구글의 다양한 기능을 배우고 이미지와 영상 편집 툴을 사용해 인스타그램에 일상의 기록을 올렸다. 다양한 플랫폼과 메타버스를 만나고 노션으로 디지털 서재도 만들었다. 디지털 관련 자격증도 취득해서 새로운 커리어도 만들 수 있었다.

얼마 전에는 '영어 챌린지'도 완주했다. 가볍게 하자고 스터디로 시작했지만 진행하다 보니 약간의 강의 형식을 빌린 수업이 되었다. 나눠 주는 게 즐거웠고, 가르치기 위해 공부를 더 하니 실력도 늘었다. 5개월의 스터디를 마치자, 함께 공부하는 지인들로부터 감사의 말도 많이 듣고 뜻밖의 선물도 받을 수 있었다. 나의 노력으로 다른 사람들이 행복해하는 모습을 보니 나눔으로 성장한다는 말의 의미를 알 것 같았다. 함께 하는 공부는 공부 외에도 의외의 기쁨을 선사한다.

중년이란 시간은 그동안 외부로 향했던 에너지를 내면에 집중하면서 나를 발견하기에 좋은 시간이다. 살아온 날들보다 살아갈 날이 적다는 걸 피부로 느끼게 되면서 앞으로의 시간을 더욱 깊이 있게 살기 위한 고민도 깊어진다. 나다움을 찾는다는 건 나에 대해 얼마나 잘 이해하느냐이다. 그러기 위해 다양한 공부를 해 보며 나답게 사는 법을 알아갈 테니, 어쩌면 내게 중년이란 시간이 그렇게 모자란 시간은 아닌 것 같다. 때로는 너무 늦은 건 아닐까 하는 불안에 사로잡히기도 하지만 또 살아온 세월만큼의 배짱도 생겼을 테니 꼭 걱정만 할 일도 아니다. 하나하나 이루어 나가는 과정에서 의미를 찾는 것이 중요하다.

나의 절친한 친구는 요즘 나를 보며 연신 놀라운 반응을 보인다. "너는 어디서 에너지가 나와서 그렇게 공부하고 책을 읽고 사람을 만나?"라고 한다. 자신이 알고 있는 옛날의 내가 아니라는 것이다. 나는 에너지가 그리 큰 사람은 못 되어서 여러 가지를 동시에 하는 게 힘든 사람이다. 하지만 최근 몇 년간의 공부는 내 생각의 영역을 많이 확장해 주었다. 에너지가 넘쳐서 공부하고 책을 읽는 것이 아니다. 공부하고 책을 읽다 보니 숨어 있던 열정도 살그머니 고개를 들고, 꺼져 가던 배움의 불씨도 되살아나는 것이다. 중년의 공부는 그것을 가능하게 해 준다.

"나는 중년의 위기를 틀에 박힌 정체성에서 벗어나 자신의 고유한 정체성을 찾아 가는 전환점으로 보고 싶습니다. 이 전환점을 지나면, 사회가 요구하는 대로 혹은 자신이 자란 가정환경에서 형성해 온 껍질을 깨고 새로운 인격으로 도약하는 은혜로운 시기가 찾아옵니다."
박정은, 《사려 깊은 수다》(옐로브릭, 2016)

얼마 전 북클럽에서 함께 읽은 문장이다. '고유한 정체성'과 '은혜로운 시기'라는 말이 다정하게 들려왔다. 중년이라는 나이에 짓눌려서 열정이 사라지기 전에 이렇게 다양한 공부로 나를 채울 수 있어서 요즘 나는 바쁘지만, 행복한 기분이다. 살다 보면 또 다른 어려움이 불현듯 나를 찾아올지도 모른다. 하지만 이제는 막연한 걱정보다는 문제를 들여다보며 나다움을 위한 해답을 찾으려 애를 쓸 것이다. 그 과정에서 나만의 고유한 정체성을 찾아갈 수 있을 것이라 믿는다. 모든 꽃이 똑같은 계절에 피지 않듯이 늦게 피어나는 중년의 꽃도 그렇게 아름답기를 희망한다.